Lucia Cini

STRATEGIE
DI SCRITTURA

quaderno di scrittura
livello intermedio

2ª edizione

BONACCI
EDITORE

Progetto e coordinamento grafico:
GDE - Grafica Due per l'Editoria s.a.s. - Bologna

Disegni p. 17 di Claudio Marchese

Bonacci editore srl
Via Paolo Mercuri, 8
00193 ROMA (Italia)
tel: (++39) 06.68.30.00.04
fax: (++39) 06.68.80.63.82
e-mail: info@bonacci.it
http://www.bonacci.it

INDICE

INTRODUZIONE

Strategie di scrittura vuole insegnare a scrivere lettere, istruzioni, testi narrativi, descrizioni, modelli burocratici, ecc. A questo scopo si fornisce una visione globale dei testi scritti, testi come espressione della cultura italiana, del nostro modo di vedere il mondo – e allo stesso tempo si offrono esercizi di vario genere, prima molto guidati poi sempre più liberi e creativi.

Il volume è diretto a coloro che studiano la lingua italiana a un livello intermedio, sia in autoapprendimento sia in situazioni di apprendimento istituzionalizzato.

STRUTTURA DEL LIBRO

Si tratta di 20 unità, ciascuna centrata su un genere testuale.

Ogni unità è composta da un testo-input autentico, ricco di connotazioni culturali che sono specifiche anche per la parte grafica.

Si passa poi alla fase della lettura: attraverso osservazioni sull'impostazione grafica, sul titolo e su eventuali elementi iconici si può cercare di fare delle ipotesi sul testo, per poi rispondere alla serie di domande di comprensione globale, valutando anche il contesto che ha dato origine a quel testo. La lettura sarà preferibilmente silenziosa, in modo da adeguarsi ai ritmi individuali di ciascuno studente, ma le attività che seguono si svolgeranno individualmente oppure a coppie (o a gruppi), a seconda della realtà linguistica della classe.

Segue l'analisi che smonta il modello per approfondirne le strutture profonde. Nella terza pagina si trova un momento di riflessione con l'obiettivo di fissare delle 'regole testuali' che stanno alla base della costruzione dei testi.

È poi il momento degli esercizi guidati di ampliamento del testo. Negli esercizi a risposta prevedibile, si hanno delle chiavi in modo da controllare la correttezza delle esecuzioni. Quanto invece al testo finale da scrivere, esso dovrà essere steso individualmente. L'insegnante fornirà tutte le indicazioni necessarie per capire bene la situazione, gli interlocutori coinvolti, il registro da usare ecc. in modo da considerare questa ultima attività come una verifica degli obiettivi didattici dell'unità. I testi prodotti potranno essere fotocopiati, o messi su lucido per essere corretti collettivamente in classe o a gruppi.

LUCIA CINI

LETTERA AMICHEVOLE

Viterbo, 3 agosto

Caro Antonio,

è tanto che non ci vediamo e quindi ho deciso di scriverti proprio adesso che sono tornata dalle vacanze. Come sai sono stata al mare in Sardegna con Federica per 2 settimane (a proposito ti è arrivate le cartoline?). Siccome non avevamo mai visto la parte sud dell'isola siamo andate in un campeggio in quella zona.

Il mare è bellissimo e ci sono un sacco di spiagge nascoste, ideali per fare delle nuotate fantastiche; per spostarci usavamo spesso una barca e, nonostante le "creme", Federica si è presa una scottatura ed è dovuta rimanere all'ombra per un paio di giorni. Nel campeggio si potevano fare un mucchio di sport: vela, canoa, wind-surf, sci nautico, tennis e venivano organizzate una marea di attività, animazione, discoteca, gare di ballo e karaoke. Io però, se ti ricordi, non amo molto questo tipo di cose perché al mare la sera sono così stanca che ho soltanto voglia di leggere un libro e di dormire, invece Federica vuole fare sempre qualcosa. Pensa che ha provato tutti i tipi di sport, è andata anche a cavallo. Io invece mi sono data solamente allo yoga, ogni sera al tramonto (era così rilassante!!). Al campeggio abbiamo conosciuto un gruppo di ragazzi e ragazze sarde che avevano il bar sulla spiaggia, erano molto allegri e simpatici, specialmente Roberto che fa l'università a Padova e con cui sono rimasta in contatto (te ne parlerò poi a voce!).

Gli ultimi due giorni abbiamo visitato Cagliari, che è una città affascinante, soprattutto la parte vecchia e il museo archeologico, dove ci sono un sacco di cose sui nuraghi. Ma veniamo a te. Come va? Il tuo nuovo lavoro a Bologna ti piace? E Claudia? E la tua nuova casa? Forse a ottobre potrò avere 2 giorni di ferie, mi piacerebbe venirti a trovare e organizzare insieme agli altri una settimana bianca sulle Dolomiti, magari a Febbraio. Scrivimi presto, rimango a Viterbo adesso e, mi raccomando, in gamba!

Un abbraccio
la tua "vecchia" Giovanna

Lettura

1 Segnate sulla cartina della Sardegna in quale zona sono andate le due ragazze.

IL NURAGHE

SARDEGNA

⊙Cagliari

LA CREMA

2 Indicate nella griglia quali attività hanno svolto le due ragazze.

	Attività svolte da entrambi	Attività svolte individualmente
Federica		
Giovanna		

Analisi

3 Scegliete la definizione più adatta per descrivere il tipo di vacanza fatta da Giovanna.

☐ monotona e noiosa

☐ rilassante e tranquilla

☐ colta e intelligente

☐ avventurosa ed eccitante

4 Che rapporto c'è tra Giovanna e Antonio?

■ formale   ■ informale   ■ confidenziale

5 La lettera si può dividere in alcune parti a seconda della loro funzione comunicativa. Leggetela con attenzione e cercate di capire quante e quali parti si possono riconoscere.

....
....
....
....

6 Il registro usato è quello amichevole. **Rintracciate e sottolineate le espressioni tipiche dell'italiano parlato** (es. *io non amo molto*).

....
....
....
....

facciamo il punto

La costruzione di una lettera informale è molto semplice. La persona che scrive si chiama mittente, mentre quella che riceve è il destinatario. L'intestazione inizia solitamente con "*Caro/a/i/e...*" e si chiude con formule simili a queste: "*ciao / un bacio / un abbraccio / bacioni...*" a seconda del grado di confidenza esistente fra il mittente e il destinatario. A destra in alto si scrive il nome del luogo in cui si trova il mittente, seguito dalla data (giorno, mese, anno). Se il destinatario non conosce l'indirizzo del mittente possiamo comunicarglielo in fondo alla lettera. Sulla parte frontale della busta si scrive l'indirizzo del destinatario nel modo seguente:

Antonio Marchi
Via Garibaldi, 46
40124 BOLOGNA

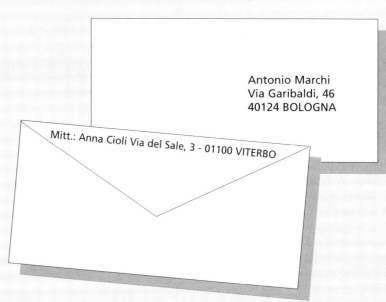

Antonio Marchi
Via Garibaldi, 46
40124 BOLOGNA

Mitt.: Anna Cioli Via del Sale, 3 - 01100 VITERBO

Sul retro della busta scriviamo
tutti i dati riguardanti il mittente:

Mitt.: Anna. Cioli
Via del Sale, 3
01100 VITERBO

Prima del nome della città
mettiamo il numero di Codice Avviamento Postale (C.A.P.) che serve a recapitare più velocemente la lettera. Se scriviamo all'estero dobbiamo aggiungere sotto al nome della città quello dello stato.

7 **Ricostruite la lettera seguente numerando i segmenti.**

☐ L'altro fine settimana sono andata a Venezia,

☐ È stata una gita bellissima.

☐ Tua Marta.

☐ è molto che non ci vediamo e ho proprio voglia di scriverti per raccontarti le ultime novità.

☐ Sto facendo un lavoro molto noioso, perciò appena ho un po' di tempo libero cerco di viaggiare.

☐ ero insieme con Susanna, quella mia vecchia amica..., la conosci dai, abbiamo visitato una mostra molto interessante e siccome

☐ Bacioni.

☐ Ho voglia di avere tue notizie quindi

☐ come sempre del resto a Venezia.

☐ il tempo era buono, primaverile, abbiamo camminato tantissimo,

☐ Caro Marco,

☐ scrivimi presto, ti prego.

8 **Completate le parti mancanti della lettera che segue:**

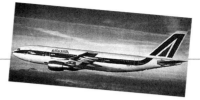

Cara Margherita,

finalmente sono arrivata a Sydney. È stato un viaggio lunghissimo. Pensa che sono partita da Fiumicino (…). Qua è caldissimo, sono quasi 30°, invece quando sono partita a Roma erano soltanto 3°. Tu sai che preferisco l'estate, ma questa differenza di temperatura mi ha tolto tutte le energie i primi giorni, (…). Ci vedremo tra un mese. Speriamo che tu possa venire (…).

Annamaria

9 **Scrivete ad un vostro conoscente che non vedete da un anno, e con cui avete avuto rari rapporti epistolari, che andrete a trovarlo fra quindici giorni. Chiedetegli se vi potrà ospitare a casa sua motivando la vostra richiesta.**

Seguite lo schema dei seguenti atti comunicativi:
• Formule di saluto
• Esprimere il proprio dispiacere per non aver fatto qualcosa
• Raccontare
• Convincere qualcuno a fare qualcosa
• Ringraziare
• Formule di saluto.

LETTERA UFFICIALE

HOTEL MODERNO
✳ ✳ ✳ ✳

Egregio Signor
GIUSEPPE PREVE
Via delle Rose, 59
71042 CERIGNOLA (FOGGIA)

Viareggio, 25 febbraio …

Egregio Signor Preve,

L'obiettivo che vogliamo raggiungere insieme a Lei, è farLe vivere una vacanza solare, comoda, speciale e completa, da ricordare.
Essere fuori di casa e nello stesso tempo sentirsi a casa.

Ci fa piacere sapere che i nostri clienti si possano sentire a loro agio, in forma e felici.

Per la forma, lo sa già, abbiamo creato l'anno scorso la nostra Oasi del Benessere; per il Suo divertimento, dal bagno di sole alla serata, stiamo organizzando un variegato programma d'intrattenimento all'insegna dell'allegria e del buonumore.

Telefoni: Paolo, Cristina o Beatrice sono a Sua disposizione, oppure se preferisce chieda di noi e saremo felici di illustrarLe personalmente le novità e i programmi di quest'anno!

Cordialmente

Elisabetta e Riccardo Busi
HOTEL MODERNO ✳ ✳ ✳ ✳

ALL. Listini…

PIAZZA GRANDE, 10 - 55049 VIAREGGIO - TEL. 0584/ 587688 FAX 0584/ 342176
www.moderno.it • e-mail:info@moderno.it

Lettura

1 Riempite la griglia con i dati occorrenti.

Destinatario	
Mittente	
Registro linguistico (formale / informale)	
Argomento	

2 Rispondete alle domande.

	SÌ	NO	NON SI SA
• I signori Busi propongono un viaggio	☐	☐	☐
• L'Oasi del Benessere è stata creata per divertire i clienti	☐	☐	☐
• Paolo e Cristina sono i figli dei signori Busi	☐	☐	☐
• Viareggio è una località marina	☐	☐	☐

3 Immaginate in cosa possa consistere e cosa offra l'Oasi del Benessere.

....
....
....

Analisi

4 Nella lettera viene usato un registro formale. Provate a spiegare perché Elisabetta e Riccardo Busi hanno fatto questa scelta linguistica.

....
....
....
....

5 Nel testo vengono utilizzate alcune parole-chiave, provate ad elencarle.

....
....
....
....

facciamo il punto

Una lettera ufficiale viene scritta per motivi di lavoro, o semplicemente per comunicare qualcosa. Si userà un <u>tono formale</u>, Lei o Voi (se non è diretta ad una persona singola, ma ad una ditta, una banca, un'agenzia turistica o a qualsiasi destinatario che non sia una persona singola). Bisogna però considerare che ci sono varie sfumature di formalità: si va dal <u>formale elevato</u> al <u>cortese neutro</u>, a seconda della situazione e dei ruoli sociali degli interlocutori. In una lettera ufficiale i pronomi personali e i possessivi riferiti al destinatario saranno scritti sempre con le lettere maiuscole. Nell'<u>intestazione</u> si useranno espressioni come *Gent.mo/a* (gentilissimo/a) o un'espressione ancora più formale e cioè *Egregio/a*, oppure si adotteranno tutti i titoli consentiti: *Dott./ssa* (dottore/dottoressa), *Prof./ssa* (professore/professoressa). In <u>chiusura</u> useremo *Cordiali saluti* se il tono è neutro, ma se il tono rimane distaccato ci sarà *Distinti saluti* e in casi molto formali, di riverenza sociale, *Ossequi*.

6 **Rimettete in ordine il testo.**

a. Si accettano iscrizioni dal 5 marzo, i posti sono limitati per esigenze organizzative a 10 persone. Il corso verrà ripetuto nel mese di giugno con le stesse modalità.

b. Cordiali Saluti
Il Consiglio Direttivo

c. Tale punto sarà operante tutte le mattine dalle 8,30 alle 13 e tutti i lunedì, mercoledì e venerdì pomeriggio dalle 17 alle 19,30; in tali giorni ed orari sarà possibile contattarci al num. tel. 8766543 per avere informazioni sulle iniziative che organizzeremo.

d. Gentile associato/a,
con la presente siamo lieti di comunicarti che grazie allo spazio, gentilmente concesso all'Associazione Culturale Consumatori Prodotti Biologici dal nostro socio Piero Marini, che ringraziamo per la sua disponibilità e collaborazione, in Largo Regina Margherita, al n. 103, nel corrente mese di febbraio si è inaugurato un punto di informazione sull'alimentazione naturale e di spaccio di alimenti e prodotti biologici, gestito dall'Associazione per tutti gli associati e per tutti coloro che sono interessati.

e. Cogliamo intanto l'occasione per ricordarti alcune cose: 1°) il 3 marzo p.v. alle 21 avrà luogo un'assemblea di tutti i soci; 2) di rinnovare la quota associativa; 3) nel mese di aprile avrà luogo un corso di cucina macrobiotica tutti i martedì sera dalle ore 21 alle 23 tenuto da uno dei nostri soci.

f. OGGETTO: PUNTO DI RIFERIMENTO A.C.C.P.B.

7 Scrivete una lettera ufficiale ad una agenzia di viaggi in cui chiedete delle informazioni su alcuni servizi offerti dall'agenzia.

SPETT.LE AGENZIA "IL CORMORANO"
P.zza Paganini, 63
65100 PESCARA

....

....

....

....

....

....

....

....

....

....

....

....

....

....

....

....

....

....

ISTRUZIONI D'USO

AI MIEI ANGELI CUSTODI

Benvenuti! E grazie per l'impegno che vi siete presi.
Date da mangiare e da bere al gatto Pablo almeno una volta al giorno e fatelo uscire ogni mattina.
Bagnate le piante una volta alla settimana; quelle grasse nello studio è sufficiente annaffiarle ogni quindici giorni con poca acqua.

IMPORTANTISSIMO

Acqua calda e Riscaldamento

La caldaia è spenta e dovete accenderla seguendo le **istruzioni**:
- a destra, nella parete sotto la caldaia, aprite il rubinetto dell'acqua;
- premete il pulsante POWER (in alto a destra sulla caldaia) su ON e tenete premuto il tasto che è sotto per circa 30 secondi. Sentirete degli scatti e si dovrebbe accendere una fiammella nel foro centrale della caldaia. Se non si accende ripetete il tutto;
- quando la fiammella è accesa lasciate il pulsante e guardate l'interruttore in fondo a destra: se volete l'acqua calda basta premerlo sul "sole", per il riscaldamento sulla "neve".

Per aumentare il calore dell'acqua calda spostate la manopola in alto a sinistra su 1, 2 o 3.
Controllate ogni tanto la pressione dell'acqua sull'indicatore in basso a sinistra che deve oscillare fra 17 e 20. Se è inferiore a 17 dovete aprire la manovella sotto la caldaia a sinistra e poi chiuderla subito e la pressione sale. Se è superiore a 20 basta aprire un rubinetto del lavandino per vederla diminuire.
Per qualsiasi problema vi potete rivolgere al mio idraulico: Nello Ferretti tel. 486795 dalle 8.30 alle 9 oppure al 7362093 dalle 20.30 alle 22 circa.

Buon lavoro!
Matilde

Lettura

1 Gli 'angeli custodi' sono degli amici di Matilde che vivranno nella sua casa per un periodo di tempo. In cambio dell'ospitalità dovranno occuparsi del gatto, delle piante e di tutto ciò che riguarda l'appartamento, perché Matilde deve partire.
Indicate nella griglia con quale frequenza devono fare tutte le cose richieste.

	Cose da fare	Frequenza
Gatto		
Piante		
Posta		
Caldaia		

2 Elencate le parole tecniche usate da Matilde per descrivere il funzionamento della caldaia e raggruppate gli eventuali sinonimi.

....
....
....
....

3 Provate a disegnare uno schema del pannello dei principali comandi della caldaia seguendo le indicazioni di Matilde.

SCHEMA PANNELLO COMANDI CALDAIA

Analisi

4 Nel testo compaiono delle "istruzioni d'uso" per utilizzare la caldaia del gas. **Sottolineate i verbi usati e spiegatene il significato.**

....
....
....
....

5 Il lessico scelto è legato all'oggetto che bisogna saper utilizzare. **Provate a scrivere almeno cinque frasi in cui usate alcune parole tecniche, scelte fra quelle utilizzate da Matilde, in contesti diversi.**

1. ....
2. ....
3. ....
4. ....
5. ....

facciamo il punto

Scrivere delle istruzioni d'uso per qualsiasi oggetto significa illustrare uno schema di azioni. Bisogna cercare di essere chiari, espliciti e nello stesso tempo sintetici, usando un linguaggio figurativo. Indicando quindi come fare qualcosa muovendosi in uno spazio limitato. Ogni azione deve essere significativa e di conseguenza raggiungere un obiettivo specifico. Il compimento di ciascuna azione determinerà il risultato finale. Come tempo verbale si può usare l'infinito o l'imperativo informale (tu - voi).

6 Ecco le istruzioni d'uso di un walkman. Sono stati eliminati certi vocaboli tecnici la cui lista è alla fine. **Mettete le parole mancanti al posto giusto.**

a. Controllare che il .... della cuffia sia inserito nel foro X.

b. Inserire il nastro registrato tenendo il .... pigiato su ON per aprire lo ....

c. Premere il tasto REW/<< per .... il nastro e portarlo al punto d'inizio.

d. Premere il tasto STOP e poi PLAY.

e. Regolare il volume con la .... A e la frequenza del suono con quella B.

f. Premere il .... FWD/>> per andare avanti e quello FWD/>>> per fare una .... più veloce.

g. Prima di togliere la .... ricordarsi sempre di tenere .... il tasto STOP.

h. Premere OFF per .... il nastro.

Ecco le parole da inserire:

cassetta	sportello	cavo	togliere	ricerca	tasto	premuto	riavvolgere	pulsante	rotella

7 Le istruzioni seguenti servono per usare una caffettiera; le varie fasi sono però mescolate. **Indicate con le lettere dell'alfabeto l'ordine giusto.**

__ Mettete sopra il filtro.

__ Avvitate nella parte bassa la parte con il beccuccio e il manico.

__ Spegnete il fornello quando il caffè è passato.

A Riempite la parte bassa con acqua non gassata fino al livello della valvola.

__ Riempite il filtro con la polvere del caffè.

__ La macchina è pronta per essere messa sul fornello a bollire.

8 Avete a lato il disegno della tastiera di un videoregistratore con i simboli internazionali. Sono indicati con numeri progressivi i tasti da premere per registrare dall'apparecchio televisivo un programma che state vedendo. **Scrivete le istruzioni d'uso utilizzando come tempo verbale l'infinito.**

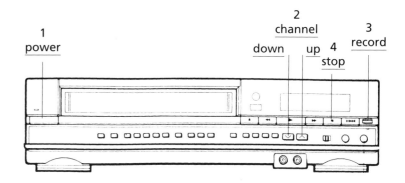

Istruzioni

....
....
....
....
....
....
....
....
....
....
....
....
....
....
....
....
....
....
....
....
....
....
....
....
....
....
....
....
....
....

RICETTA DI CUCINA

Zuppa d'orzo

preparazione: 30 minuti
cottura: 50 minuti circa

ingredienti:

per 4 persone: 800 gr circa di verdure miste (zucchine, carote, patate, sedano, cavolo verza, fagiolini, cipolla), 1 tazza di orzo perlato, 6 tazze di acqua, 1 cucchiaio di olio extravergine d'oliva, sale, 1 pizzico di noce moscata

esecuzione:

Pulire le verdure e tagliarle a cubetti. Metterle in una pentola insieme ad un cucchiaio d'olio e all'acqua. Salare e far cuocere a fuoco basso dopo l'ebollizione per circa 20 minuti. Aggiungere l'orzo perlato e far cuocere per circa 30 minuti, finché l'orzo è ben cotto. Controllare spesso la cottura mescolando con un cucchiaio di legno. Pochi minuti prima della fine della cottura grattugiare sopra un pizzico di noce moscata. Lasciar riposare qualche minuto la zuppa, quindi condirla con l'olio, mescolare e servire.

consiglio:

Usando la pentola a pressione ci vogliono circa 15 minuti di ebollizione per cuocere l'orzo.

Lettura

1 Eliminate dagli ingredienti raffigurati quelli che non vengono utilizzati nel testo.

2 Elencate gli utensili nominati nel testo e cercate di spiegare a cosa servono (cercate nel dizionario la definizione giusta delle parole che non conoscete).

Utensili	Uso

3 Provate a disegnare su un foglio le fasi di esecuzione della ricetta nella sequenza in cui vanno eseguite. Poi confrontate i vari disegni per vedere qual è il migliore.

Analisi

4 Nella stesura di una ricetta svolgono un ruolo importante i verbi che illustrano le azioni da compiere per realizzare il piatto proposto. **Sottolineate e spiegate con parole vostre il significato aiutandovi anche con il dizionario.**

....
....
....
....
....
....

5 Osservate il tempo verbale utilizzato nella descrizione delle varie fasi. Come vedete è l'infinito, ma possiamo usare anche l'imperativo informale, come ad esempio: "Pulite le verdure e tagliatele a cubetti". **Provate a riscrivere qualche riga del testo utilizzando appunto l'imperativo.**

facciamo il punto

Scrivere una ricetta di cucina significa dare delle 'istruzioni d'uso' per raggiungere un certo obiettivo. Si tratta di essere <u>chiari</u> sintetizzando le fasi essenziali, ma nello stesso tempo <u>espliciti</u>, fornendo anche dettagli che possono essere ritenuti utili per riuscire a completare quel piatto nel modo migliore. Si debbono perciò rivelare i cosiddetti 'segreti' del mestiere per mettere in grado anche le persone meno esperte di realizzare quella ricetta specifica. Il tempo verbale usato sarà l'infinito o l'imperativo informale (soprattutto voi).

6 Avete qui di seguito i disegni delle fasi di esecuzione di una ricetta; sono mescolati, rimetteteli in ordine leggendo il testo scritto.

TORTA AL CIOCCOLATO

- Fondete il burro a bagnomaria e lavoratelo con lo zucchero.
- Aggiungete i 3 tuorli (uno alla volta), la fecola e la farina.
- Fondete il cioccolato nel latte e mescolatelo all'impasto.
- Montate gli albumi a neve e aggiungeteli insieme al lievito.
- Imburrate una tortiera e spolveratela di zucchero.
- Cuocete per 45 minuti circa in forno ben caldo (180°)
- Spennellate la torta con l'albume e servitela cospargendola a piacere con zucchero a velo.

7 Riempite gli spazi vuoti nel testo seguente con le parole elencate nella lista.

CARCIOFI RIPIENI

Tagliate i gambi ai carciofi e .... in acqua con limone. Preparate il .... nel modo seguente: tritate il prosciutto cotto con le fette di formaggio, ... il tuorlo d'uovo, il parmigiano, l'olio, il prezzemolo e il basilico ...., sale e peperoncino. Distribuitelo nei carciofi allargati che ...., richiusi e ritti, in un tegame con l'olio e il dado. Controllate la .... aggiungendo acqua se ce ne fosse bisogno. Ci vorranno circa 45 minuti a .... lento. Se usate una pentola a pressione calcolate 20 minuti di cottura.

Ecco le parole da inserire:

tritati	disporrete	metteteli	cottura	ripieno	fuoco	mescolatevi

8 Scrivete la ricetta del vostro piatto preferito seguendo lo schema.

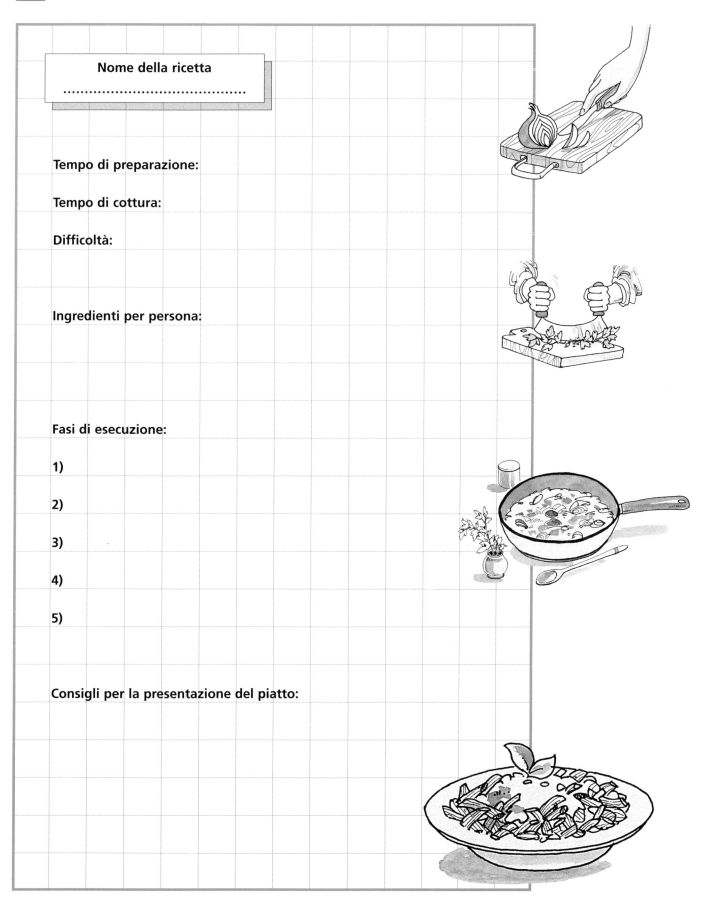

Nome della ricetta

....

Tempo di preparazione:

Tempo di cottura:

Difficoltà:

Ingredienti per persona:

Fasi di esecuzione:

1)

2)

3)

4)

5)

Consigli per la presentazione del piatto:

SPIEGAZIONE DI UN GIOCO

CHI L'HA SCRITTO?

GIOCO PSICOLOGICO

Materiale occorrente: un foglio e una penna per ciascuna persona partecipante al gioco

Partecipanti: circa 10 persone

Consigli: da svolgersi soprattutto in casa

Questo è un gioco da fare con un gruppo di amici o di persone che si conoscono abbastanza bene. Ognuno prende un foglio e una penna e scrive il nome di uno dei partecipanti al gioco. Il nome scritto viene coperto ripiegando un pezzo del foglio e questo viene passato al compagno vicino. Ciascuno dovrà scrivere sul nuovo foglio una frase diretta alla persona di cui ha scritto il nome, piegherà un altro po' il foglietto in modo da nascondere ciò che ha scritto e lo passerà nuovamente. Si dovranno scrivere almeno sette frasi dirette alla stessa persona, ma su foglietti diversi. Alla fine dei passaggi tutti i giocatori leggeranno i biglietti a voce alta e cercheranno di indovinare gli autori delle varie frasi ricostruendo l'eventuale discorso riferito a ciascuna persona. Ci saranno ricordi di episodi vissuti in comune, allusioni a sentimenti e a sensazioni magari mai espresse fra i partecipanti. Sarà necessario interpretare tutto ciò cercando di usare sempre molta ironia.

Lettura

1 Indicate le affermazioni che sono false e correggetele.

1. Possono partecipare 9 persone.	
2. È un gioco da fare all'aperto.	
3. Questo gioco si può fare con tutti.	
4. Si scrive il nome di una persona che si conosce.	
5. Si scrive sempre sullo stesso foglietto.	
6. Bisogna sempre leggere quello che ha scritto il compagno che ci precede.	
7. Alla fine si leggeranno i biglietti a voce alta.	

2 Completate le frasi con le parole del riquadro.

coperto	gruppo	frasi	passaggi	conoscono	compagno	foglietti	indovinare

1. Questo è un gioco da fare con un .... di amici o persone che si .... abbastanza bene.

2. Il nome scritto viene .... ripiegando un pezzo del foglio e questo viene passato al .... vicino.

3. Si dovranno scrivere almeno sette .... dirette alla stessa persona, ma su .... diversi.

4. Alla fine dei .... si leggeranno i biglietti a voce alta e si cercheranno di .... gli autori delle varie frasi.

3 Completate lo schema grafico dello svolgimento del gioco.

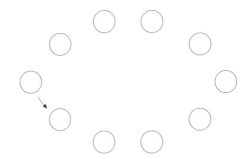

Analisi

4 Nel testo compare il futuro e la costruzione passiva della frase; **sottolineate queste due forme con colori diversi e cercate di spiegare perché vengono usate.**

....
....
....
....
....

facciamo il punto

Per scrivere la spiegazione di un gioco è necessario fare una descrizione delle varie fasi in sequenze ordinate. Per far ciò si usa spesso il *futuro* che ci aiuta ad esprimere come si svolgerà il gioco se verrà fatto, quindi come una conseguenza, qualcosa che giunge a *compimento*. Un'altra caratteristica linguistica è l'uso della *costruzione passiva* (più frequente nei testi scritti) con il verbo *venire* e con la particella pronominale *si*. Le frasi saranno brevi e dettagliate e avranno le caratteristiche anche dei testi di istruzione, perché se vogliamo che il nostro gioco riesca bene dobbiamo seguire delle istruzioni.

5 **Associate ad ogni parola la spiegazione del suo significato.**

1. ☐   2. ☐   3. ☐
4. ☐   5. ☐   6. ☐
7. ☐   8. ☐   9. ☐

1. squadra
2. giocatore
3. cerchio
4. indovinare
5. allontanarsi
6. campo
7. avversario
8. nascondere
9. vincere

a. territorio di gioco di un gruppo
b. terminare un gioco per primi
c. nemico durante lo svolgimento del gioco
d. gruppo di persone che giocano insieme con lo stesso obiettivo
e. figura da formare per eseguire un gioco
f. la persona che partecipa al gioco
g. togliere qualcosa dalla vista degli altri
h. fare delle supposizioni
i. andare lontano dagli altri del gruppo

6 Di lato avete lo schema che rappresenta un gioco da fare all'aperto con la palla, con due squadre con lo stesso numero di partecipanti, **provate a scriverne lo svolgimento.**

PRIGIONIERI II SQUADRA	I SQUADRA	II SQUADRA	PRIGIONIERI I SQUADRA

7 Scrivete lo svolgimento di un gioco indicandone il nome, tutti i particolari interessanti e i consigli necessari.

Nome:

Tipo di gioco:

Materiale occorrente:

Partecipanti:

Consigli:

REGOLE DI COMPORTAMENTO

Per chi ama e rispetta l'ambiente

1. Fate la raccolta differenziata dei rifiuti (carta, vetro, lattine, plastica, ferro, pile, medicine scadute ecc.) utilizzando i contenitori predisposti per il riciclaggio.

2. Proteggete la fascia dell'ozono evitando l'utilizzazione di bombolette spray o elettrodomestici contenenti gas inquinanti come i C.F.C. (clorofluorocarburi).

3. Riutilizzate i vari tipi di contenitori (in plastica, vetro, carta, ecc.) più volte.

4. Acquistate prodotti alimentari provenienti dall'agricoltura biologica e da allevamenti biologici.

5. Scegliete elettrodomestici e lampadine a 'basso consumo' (che vi permettano di risparmiare acqua, detersivo e soprattutto energia).

6. Limitate l'uso dell'autovettura privata e privilegiate i mezzi di trasporto pubblici, l'uso della bicicletta o del motorino.

7. Acquistate autovetture a benzina o a gas evitando quelle a gasolio.

8. Partecipate alle campagne di volontariato per la pulizia dei parchi, delle spiagge, dei boschi, delle città ecc.

9. Controllate che non vengano fatti degli abusi edilizi.

10. Aderite ad una delle varie associazioni ambientaliste, sostenendola economicamente e collaborando alle varie iniziative proposte in difesa dell'ambiente.

a cura dell'associazione Italia Verde

Lettura

1 Correggete le affermazioni false.

a. È necessario raccogliere tutti i tipi di rifiuti.	
b. Bisogna evitare l'uso di gas inquinanti.	
c. Si devono usare vari tipi di contenitori.	
d. È meglio comprare elettrodomestici e lampadine a basso consumo.	
e. Si devono usare solo i mezzi pubblici.	
f. È necessario pulire i parchi pubblici, le spiagge, i boschi ecc.	
g. Vigilare sugli abusi edilizi.	

2 Associate ad ogni parola la spiegazione del suo significato.

1. ☐ 2. ☐ 3. ☐
4. ☐ 5. ☐
6. ☐ 7. ☐

1. raccolta differenziata dei rifiuti
2. riciclaggio
3. gas inquinanti
4. agricoltura biologica
5. campagne di volontariato
6. abusi edilizi
7. sostenendola economicamente

a. riutilizzazione dei materiali
b. spendere dei soldi per una causa
c. separare i vari tipi di rifiuti
d. costruire o modificare degli edifici senza rispettare le leggi
e. emissioni chimiche che danneggiano l'aria che respiriamo
f. operazioni organizzate a cui si può contribuire
g. produzione di prodotti alimentari utilizzando tecniche naturali, senza l'impiego della chimica

Analisi

3 Nel testo compaiono delle forme verbali usate per dare delle 'prescrizioni".
Sottolineatele e spiegatene il significato.

....
....
....
....

4 Riscrivete i verbi sottolineati utilizzando prima l'imperativo informale (tu) e poi l'infinito.

....
....
....
....

facciamo il punto

Il nostro modello di testo è un decalogo che detta delle regole di comportamento a coloro che amano e rispettano l'ambiente, è quindi un testo prescrittivo che dice quello che dobbiamo o non dobbiamo fare in casi specifici. Le forme verbali usate esprimeranno di conseguenza necessità o obblighi: troviamo infatti l'imperativo (voi), ma possiamo usare anche l'imperativo (tu) o l'infinito, il valore del testo non cambia. Chiaramente ciascun "decalogo" utilizzerà un lessico specifico a seconda dell'argomento prescelto. La sintassi è breve e ripetitiva perché è necessario costruire un testo incisivo, incalzante e chiaro, in modo da non generare equivoci sulla sua interpretazione. Possiamo trovare anche forme verbali che esprimono la proibizione di fare qualcosa, nel tal caso sarà usato l'infinito negativo con il valore di imperativo (per es. *Non gettare i rifiuti per terra*).

5 **Ricomponete i frammenti delle regole date per un buon comportamento nella classe.**

1. ☐   2. ☐
3. ☐   4. ☐
5. ☐   6. ☐
7. ☐   8. ☐
9. ☐   10. ☐

1. rispettare le
2. rispettare le differenze
3. rispettare i
4. chiedere il permesso di
5. non mangiare e
6. non masticare
7. evitare di
8. non togliersi
9. parlare con il
10. chiedere spiegazioni se

a. non bere durante la lezione
b. assumere pose sconvenienti
c. mentre si parla
d. opinioni degli altri
e. le scarpe
f. giusto tono di voce
g. non si è capito bene
h. culturali, etniche, religiose, ecc.
i. uscire durante la lezione
l. turni di parola

6 **Trasformate il testo seguente, nel quale sono fornite delle regole di comportamento alimentare, in un decalogo per una corretta alimentazione.**

Chi vuole seguire un tipo di alimentazione bilanciata e ben distribuita nell'arco della giornata dovrebbe innanzitutto tenere presenti alcuni principi fondamentali. Innanzitutto dovrebbe limitare la dieta a circa 1500/1800 calorie, a seconda del proprio peso, distribuite in circa cinque pasti: la prima colazione, uno spuntino a metà mattina e uno a metà pomeriggio, e i due pasti principali, pranzo e cena, molto leggeri. La dieta dovrebbe essere varia privilegiando le proteine vegetali, come i legumi, e le carni bianche o il pesce, aggiungendo carboidrati sotto forma di pane e pasta (soprattutto integrali), e mangiando molti tipi di verdura e di frutta seguendo il ritmo stagionale; anche per i grassi è meglio preferire quelli vegetali, ad esempio l'olio d'oliva. A parte casi speciali è consigliabile evitare di mangiare dolci e di bere alcolici e bevande artificiali. È preferibile bere molta acqua non gassata specialmente a digiuno o delle tisane digestive. Se a tutto ciò aggiungiamo del moto regolare e costante possiamo essere certi di fare una vita sana!

7 Scrivete, sotto forma di decalogo destinato ad uno straniero, le principali regole di comportamento sociale del vostro paese.

PAGINA DI DIARIO

giovedì		novembre
thursday	**16**	november
jeudi		novembre
donnerstag		november

s. edmondo

Caro diario,

ho conosciuto Geneviève: francese, simpatica, estroversa, amica di Luciano. Ecco i fatti: martedì mi ha telefonato Luciano per chiedermi un piacere, siccome il giorno dopo arrivava in città, in treno, questa Geneviève, che lui aveva incontrato in Francia d'estate, doveva andarla a prendere alle 6 alla stazione. Però aveva un problema al lavoro e non poteva uscire prima delle 8. Chiaramente l'ho aiutato e sono andata io a prendere Geneviève, anche perché ero proprio curiosa di conoscerla. Me l'aveva descritta e devo dire che l'ho vista subito: è alta più o meno 1 metro e 75, con i capelli cortissimi e scuri, carnagione scura e occhi grandi e verdi e un neo vicino alle labbra. Era in jeans e con un giubbotto nero di pelle. Luciano le aveva telefonato prima che partisse per dirle che ci sarebbe stata Marina, un'amica sua, ad aspettarla e, figurati, mi aveva descritto come una tipica italiana, anche se ho i capelli biondi, lunghi e lisci, la pelle chiara e gli occhi azzurri e sono alta e magra. Come ti potrai immaginare Geneviève non mi ha riconosciuto e ho dovuto faticare non poco a spiegarle l'equivoco, perché lei non parla bene l'italiano e non voleva venire con me. Alla fine ha capito la situazione e siamo andate a casa mia ad aspettare Luciano. Quando è arrivato l'ho preso in giro perché è lui il tipico italiano: basso, robusto, scuro, con gli occhi e i baffi neri, i capelli ricci e i lineamenti marcati. Comunque abbiamo riso molto e domani ci vediamo per fare un giro nei musei.

Lettura

1 Elencate i tratti fisici di cia-scun personaggio.

Geneviève	Marina	Luciano
....	....	....
....	....	....
....	....	....

2 Provate a fare un disegno del volto e del corpo dei tre personaggi.

3 Cancellate gli aggettivi che non corrispondono ai per-sonaggi.

Geneviève è
noiosa
simpatica
stravagante

Marina è
tranquilla
scortese
curiosa

Luciano è
scherzoso
serio
antipatico

Analisi

4 **Nella descrizione delle persone isolate i tratti fisici da quelli psicologici, sottolineandoli con due colori diversi e cercate il significato degli aggettivi usati per ciascun personaggio.**

5 Noi abbiamo proposto una pagina di diario, ma la descrizione di una persona può essere fatta anche in altri testi: ad es. una lettera, una biografia, o un articolo giornalistico. Il diario offre l'op-portunità di unire la cronaca dei fatti alla riflessione sui fatti stessi. Quindi abbiamo sia una descri-zione "esteriore", oggettiva della persona, che "interiore", cioè di come questa ci appare sogget-tivamente. Rimane da osservare che si può parlare di una persona com'*era* prima e com'è oggi, proiettando nel tempo e confrontando due descrizioni.

facciamo il punto

Descrivere una persona significa *elencare* tratti fisici o psicologici che, in modo dettagliato e specifico, servono a "disegnare" quella persona, così da distinguerla in mezzo alle altre, a renderla cioè concreta e visibile nella mente di chi non la conosce, si useranno quindi molti aggettivi qualificativi.

6 Avete qui di lato le foto di quattro personaggi e la descrizione dei loro tratti fisici. **Unite la descrizione scritta alla fotografia corrispondente.**

capelli biondi, lisci
occhi azzurri
longilinea

capelli corti, scuri
occhi piccoli
barba e baffi

capelli scuri, lunghi
occhi scuri
sorriso dolce

calvo
occhi scuri
baffi scuri

7 Di lato trovate una foto di classe. Voi siete l'ultimo a destra. **A coppie scegliete un compagno, descrivetelo, l'altro deve indovinare.** Di seguito c'è una lista di tratti somatici con alcuni sinonimi e contrari.

Corporatura: magro vs. grasso
snello vs. obeso
gracile vs. robusto
Sopracciglia: sottili vs. folte
Volto-forma: rotondo
allungato, ovale
Spalle-Vita-bacino: grandi
vs. strette
Altezza: alto vs. basso

Capelli-colore: biondi vs. neri
chiari vs. scuri
rossi, bianchi,
grigi, castani
-forma: lunghi vs. corti
lisci vs. ricci
Bocca: grande vs. piccola
Orecchie: piccole vs. grandi
a sventola
Gambe: lunghe vs. corte

Occhi-colore: castani, neri,
verdi, azzurri,
celesti, grigi
-forma: grandi vs. piccoli
a mandorla,
allungati
Labbra: carnose vs. sottili
Naso: regolare vs. irregolare
lungo, diritto, aquilino
Mani-Piedi: lunghe vs. corte

8 Descrivete in questa pagina di diario il vostro migliore amico/a, com'è attualmente e come vi è sembrato quando l'avete conosciuto/a.

GENNAIO

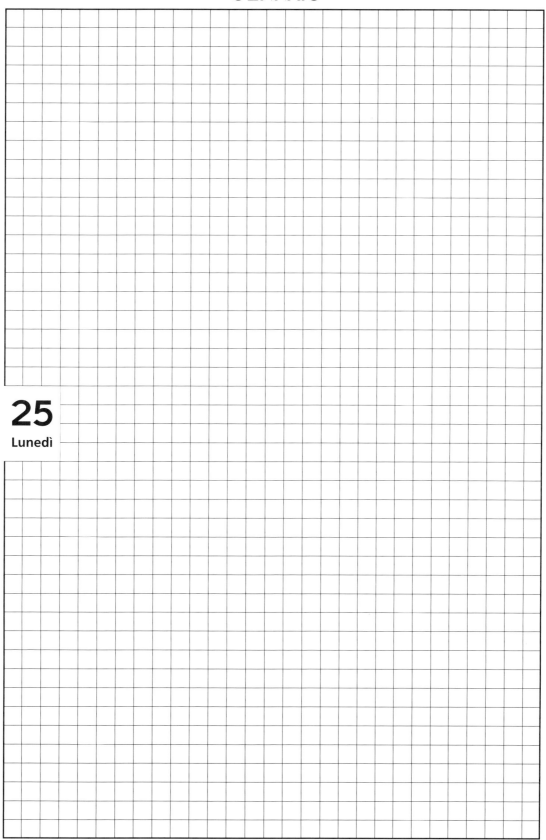

25
Lunedì

DESCRIZIONE NATURALE

ARCIDOSSO (Grosseto)

È un centro montano dell'Amiata. Luogo d'intensa attività turistica sia estiva che invernale, Arcidosso offre ai villeggianti, ai turisti e agli sportivi modernissimi alberghi, piscine, campi da gioco, ritrovi ed un'efficiente Biblioteca Comunale.

Il borgo è diviso in due parti distinte: quella medioevale e quella moderna. Il centro storico si compone di tre quartieri chiamati "terzieri": Castello, in alto; Borgo Talassese, in mezzo; Codaccio o Borgo Pianese, in basso, ed è caratterizzato dalla presenza di tre antiche Porte che sono rimaste intatte: Porta Castello, Porta di Mezzo e Porta Talassese.

La prima Porta che incontriamo è Porta Castello con un bell'arco a tutto sesto, adorno di stemmi. Saliamo e giungiamo nella piazza dove si trova la Rocca Aldobrandesca. Quest'antico edificio con la sua bellissima torre costituisce il monumento simbolo di Arcidosso.

A destra della piazza sorge la Chiesa di S. Niccolò, la più antica di Arcidosso, eretta intorno al 1100, ha una pianta rettangolare a tre navate.

Dalla Porta di Mezzo, dove si trova l'orologio pubblico, parte via Talassese. Un'arteria storica che taglia da est ad ovest l'intero tessuto urbano nel suo punto più originale e suggestivo. Ai lati salgono e scendono caratteristici vicoli e ovunque ammiriamo portali scolpiti e scorci pittoreschi. Porta Talassese chiude il borgo con il suo notevole arco romanico.

Fuori di Porta Talassese troviamo, prima, la Chiesa di S. Andrea, eretta dai monaci di S. Salvatore dopo il 1120, e un po' più lontano, la Chiesa della Madonna Incoronata, costruita dopo la peste del 1348.

Dalla Porta di Mezzo, scendendo a destra, si giunge alla Chiesa di S. Leonardo, anch'essa edificata dai monaci di S. Salvatore intorno al 1153, dominata da un alto campanile romanico. Al suo interno sono conservati begli altari in pietra e varie opere d'arte, quali la tavola della morte di S. Giovanni Battista dipinta nel 1589 da Francesco Vanni e le due statue di S. Andrea e di S. Processo.

(testo adattato da I. Corridori, A. Santioli, L'Amiata, Cantagalli, Siena, 1987)

Arcidosso: il Castrum aldobrandesco.

Arco a tutto sesto.

Lettura

1 Riempite lo schema con le informazioni relative ai corrispondenti monumenti ed edifici storici.

	Zone	Porte	Chiese	Altri edifici
Denominazione				
Caratteristiche principali				
Elementi architettonici e pittorici				

2 In base alle indicazioni della guida turistica segnate sulla piantina di Arcidosso i monumenti nominati nella griglia precedente.

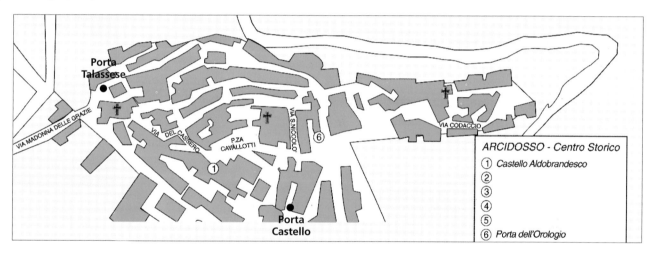

Analisi

3 Il testo della guida turistica si può dividere in due parti fondamentali a seconda della loro funzione comunicativa. **Leggetelo con attenzione e provate a sottolineare con colori diversi le parti che corrispondono appunto a scopi diversi.**

4 Nel testo compaiono espressioni tipiche di una microlingua (italiano usato in settori specialistici: in questo caso si tratta di un linguaggio architettonico e storico artistico) ad es. "l'arco a tutto sesto", "a tre navate" ecc. **Sottolineatele e con l'aiuto del dizionario scrivete la loro definizione negli spazi a fianco.**

facciamo il punto

Il testo di una guida turistica deve rispondere a due scopi fondamentali della comunicazione. Innanzitutto *darà delle istruzioni* necessarie al turista per percorrere degli itinerari interessanti sul territorio in questione ma, nello stesso tempo, si soffermerà a *descrivere* in modo competente e dettagliato i più significativi edifici e monumenti storici e artistici, o gli aspetti specifici di una zona importante da un punto di vista naturalistico. È quindi dominante la nozione di "spazio" da esplorare e da illustrare agli altri allo scopo di renderlo visibile e concreto. Possiamo fare vari tipi di descrizione, sia soggettiva che oggettiva, a seconda degli obiettivi che vogliamo raggiungere e del punto di osservazione che vogliamo adottare.

5 **Completate il testo con le parole elencate in ordine sparso:**

testimoniano	erigere	medioevale	feudali	epoca
crinali	intatta	struttura	borgo	documento

Disposta su tre ...., a 324 m sul livello del mare, San Gimignano rappresenta un esempio del passato splendore. Nessuna cittadina della Toscana ha mantenuto una .... antica, palazzi e torri, raccolti da una cerchia muraria che è rimasta in gran parte ....

La bellezza della città .... si spiega con la sua prosperità economica e con il fatto che, durante la seconda metà del '500 fu vietato dal potere mediceo di .... nuove costruzioni, evitando quindi che il .... toscano venisse modificato.

Ritrovamenti etruschi .... che la località è stata abitata fin dall'antichità. Leggende sorte in .... medioevale collegano il suo nome al vescovo di Modena, Gimignano, vissuto nel IV secolo. Il primo .... storico risale al X secolo e vi sono riconosciuti i privilegi .... del vescovo di Volterra.

6 **Di seguito trovate mescolati i segmenti di due testi diversi (uno descrive una città, mentre l'altro parla di un territorio importante da un punto di vista naturalistico), ricostruiteli, separando l'incastro, sottolineando con due colori.**

Brescia è una città di circa 200.000 abitanti. È un centro economico di importanza regionale (il secondo della Lombardia) e nazionale. Alcuni studi sono in corso e altri restano ancora da fare: ma ciò che già si sa sulla Val di Farma è più che sufficiente ad indicarla come un luogo del tutto particolare, da conservare e da proteggere ai fini didattico-educativi e di ricerca scientifica. I vecchi quartieri, le piazzette, i portali e le fontane nascoste conservano il fascino della città e incrementano l'afflusso turistico. Limitata nella sua parte superiore dalla strada Siena-Roccastrada e, poco prima della confluenza con il Merse, dalla superstrada Siena-Grosseto, la Val di Farma è uno dei luoghi meglio conservati della Toscana meridionale. La felice posizione geografica (montagne, colline e laghi a distanza di pochi chilometri), le caratteristiche dell'ambiente, la rete di comunicazioni e l'efficienza dei servizi la rendono ospitale. Il torrente Farma è un affluente di destra del fiume Merse il quale, a sua volta, si getta nell'Ombrone. Dalle sorgenti nei pressi di Roccatederighi (fra

Massa Marittima e Roccastrada) esso scorre per una trentina di chilometri in direzione ovest-est, segnando il confine tra le province di Siena e Grosseto. I musei, le chiese e il Capitolium raccolgono e custodiscono dei beni artistici che attirano anche il turismo. Motivi diversi, legati alla scarsa presenza dell'uomo, e alla particolare situazione topografica della valle hanno permesso la sopravvivenza di specie biologiche di notevole interesse scientifico.

(testi adattati da *Brescia* a c. di Apt, Brescia 1988 e da *Salviamo la Val di Farma* a c. del W.W.F., Siena 1979)

7 Immaginate di scrivere una descrizione della vostra città/paese/regione per una guida turistica. Indicate quali sono le cose più importanti da vedere e consigliate un itinerario curioso ad un "ipotetico" turista (ad esempio un percorso da fare in bicicletta, oppure un trekking avventuroso...).

DESCRIZIONE TECNICA

il cucinaSano

Gentile Signora,

innanzitutto La ringraziamo per la scelta fatta convinti che potrà rendersi conto personalmente della bontà del Suo acquisto provando subito il nostro prodotto rivoluzionario.

Il nostro **CucinaSano** Le permetterà di cucinare qualsiasi tipo di cibo senza dover ricorrere all'uso di grassi, ma servendosi esclusivamente di acqua da mettere nel recipiente con la griglia incorporata.

Il nostro prodotto è composto da un *recipiente* fatto con un nuovo tipo di materiale, il *ghisal*, molto resistente al calore e da una *piastra* convessa, antiaderente, con delle fessure longitudinali che copre il recipiente. Il *coperchio* completa il prodotto ed ha lo scopo di favorire la cottura degli alimenti evitando il fumo e l'odore che si sprigiona dal cibo durante la cottura.

I fori sotto il recipiente (che chiameremo *leccarda*) servono a permettere una cottura perfetta posizionando la leccarda su qualsiasi fonte di calore.

L'acqua che metteremo nella leccarda cuocerà lentamente i cibi che disporremo sulla piastra di cottura: carne, pesce e verdure raggiungeranno in tempi brevi il giusto grado di cottura, senza bisogno di dover ricorrere all'uso di olio vegetale o grassi animali.

La griglia, grazie al materiale di cui è composta, raggiungerà velocemente una temperatura che verrà mantenuta in modo costante così da evitare che i cibi cuociano troppo all'esterno e rimangano crudi all'interno. I grassi contenuti negli alimenti scivoleranno nell'acqua della leccarda grazie alle fessure poste sulla griglia.

Il terzo pezzo che correda il prodotto è il coperchio che andrà posto sulla griglia durante la cottura avendo però l'avvertenza di sollevarlo spesso per controllare come procede la preparazione degli alimenti. Come può osservare sopra il coperchio c'è un piccolo pomello che Le permetterà di toglierlo senza scottarsi perché è composto da un materiale che non si riscalda.

Durante la cottura si dovrà fare attenzione alla quantità dell'acqua contenuta nella leccarda e controllarla osservando che non sia inferiore al segnale di livello indicato sulla leccarda stessa; se questo avviene dovrà aggiungere del liquido per continuare a cuocere il cibo.

Se si seguiranno attentamente le istruzioni d'uso e si eviterà di lavare il nostro prodotto con materiali abrasivi che possono danneggiarne le pareti, riuscirà a realizzare una cucina dietetica e varia per tutta la famiglia, sicura dell'ottima qualità dei cibi da Lei cucinati. Non si dimentichi inoltre che il prodotto è garantito per 12 mesi.

Distinti saluti
Il **CucinaSano**

Lettura

1 Quanti e quali sono i pezzi che compongono il *Cucina-Sano*?

....
....
....
....
....

2 Scrivete le caratteristiche tecniche di ciascun pezzo.

Pezzi	Caratteristiche tecniche

3 Provate a disegnare i pezzi del prodotto descritto e il *CucinaSano* montato completamente.

Analisi

4 Nel testo viene data sia una descrizione tecnica delle varie parti componenti il prodotto che una spiegazione dell'uso. **Separate le due parti del testo completando lo schema.**

Descrizione tecnica	Uso

5 Il lessico usato è ricco di termini specialistici che non devono generare ambiguità. **Provate a isolare questo tipo di parole.**

....
....
....
....

facciamo il punto

Nella descrizione tecnica l'obiettivo deve essere quello di *illustrare un prodotto nei suoi componenti e i materiali usati*, al fine di sottolinearne la qualità. Saranno adoperate soprattutto forme verbali, quali l'indicativo presente, il *c'è* o il *ci sono*, le forme implicite in funzione aggettivale, vari aggettivi, e termini specialistici che appartengono a domini ben precisi e molto settoriali. Se la descrizione è però diretta ad un pubblico generico di acquirenti l'uso dei termini della microlingua sarà ridotto drasticamente. Alle forme descrittive si affiancano anche quelle che servono ad *illustrare l'uso* dell'oggetto allo scopo di pubblicizzarne l'utilità e la praticità.

6 **Unite la descrizione dei prodotti alla foto corrispondente.**

a. Due movimenti al quarzo di altissima precisione. Cassa e controcassa in acciaio brillantato. Cinturino in coccodrillo. Quadranti contrapposti di diversi colori con ore romane.

b. Modello a soffietto in vitello prima scelta. Manico rinforzato. Anelli e fibbia centrale in acciaio satinato. Due tasche esterne, di cui una portacellulare.

c. Smontabile e pieghevole formato valigia. Materiale leggero ma resistente al calore, comprensivo di griglia in acciaio con possibilità di inserimento in due fessure a seconda del calore necessario.

7 **Mettete in ordine il testo seguente dove abbiamo la descrizione di un armadio.**

a. Le cerniere interne che sostengono la struttura, le rotelle, tutte le parti "meccaniche" e i pomelli dei cassetti sono in acciaio cromato in modo da garantirne la funzionalità e la durata.

b. Rifiniture minime completano lo sportello laterale su cui è stato previsto l'inserimento di uno specchio speciale infrangibile che dona luminosità a tutto l'armadio guardaroba.

c. Le ante esterne dell'armadio sono fatte in noce massello nazionale. All'interno sono composte da pannelli rivestiti in tessuto di cotone, lino o raso in tinta unita o fantasia a scelta, completamente sfoderabili e lavabili.

d. Gli sportelli scorrono uno sull'altro grazie a delle piccole rotelle incorporate che vanno ad incastrarsi su corridoi inseriti sul piano dell'armadio.

e. Le mensole per i ripiani e i cassetti sono fatti con materiali immutabili nel tempo e colorati con tinte pastello, naturali e atossiche.

8 Osservate la foto del prodotto e descrivetelo da un punto di vista tecnico indicando i materiali con cui è stato costruito, le varie parti che lo compongono e il loro uso.

....
....
....
....
....
....
....
....
....
....
....
....
....
....
....
....
....
....
....
....
....
....
....
....
....
....
....

RELAZIONE DI VIAGGIO

Modena, 7/2/...

ALL'ASSESSORE ALL'ISTRUZIONE DEL COMUNE DI MODENA

Dal 3 al 5 febbraio u.s. mi sono recata in missione in Toscana per verificare sul territorio la possibilità di organizzare i soggiorni estivi nel mese di luglio per i ragazzi dai 12 ai 14 anni. Il 3 febbraio sono partita con mezzo proprio da Modena alle ore 7. Alle 13,30 ho pranzato al ristorante "Bellavista" in località Albinia (in provincia di Grosseto). Alle 14,30 ho incontrato il sig. Franco Morelli, proprietario del casale "Il gabbiano", che avevamo contattato e che mi ha accompagnata a visitare la sua proprietà da noi visionata sugli opuscoli pubblicitari.
La struttura è solida e accogliente. Al pianterreno si trovano la stanza da pranzo-soggiorno con un grosso camino, dei tavoli e dei divani, la cucina, dotata di tutto il necessario e la dispensa con un frigorifero capiente e un grosso congelatore. Al primo e al secondo piano ci sono le camere a due, tre e quattro letti (per un totale di 50 posti letto) e i bagni con le docce. Il casale è stato ristrutturato a norma di legge due anni fa e, di conseguenza, tutti i servizi sono pratici e accoglienti. È circondato da una piccola pineta tenuta molto bene e c'è una stradina privata per arrivare al mare in circa quindici minuti. Il paese più vicino con tutti i servizi necessari (supermercato, farmacia, ufficio postale, ecc.) dista circa venti minuti in macchina. Siccome la struttura mi sembrava adatta al nostro scopo ho offerto un prezzo per l'affitto dell'immobile per quattro settimane che rientra nel nostro preventivo di spesa, e ho steso con il sig. Morelli una bozza per il contratto d'affitto che allego alla mia relazione. Se la giunta comunale sarà d'accordo potrà fare la delibera entro la metà di marzo, perché il sig. Morelli ha posto come condizione la firma del contratto definitivo alla fine di marzo.
Alle ore 17 sono partita per l'interno in direzione di Pitigliano dove ho preso alloggio all'albergo "Pesucci", in cui ho anche potuto cenare. Il giorno dopo, 4 febbraio, ho visitato il paese e sono andata a vedere i reperti etruschi nei dintorni e verso Sovana dove si trovano molte tombe etrusche. Penso che potremmo dedicare una giornata delle nostre Settimane Estive a queste zone così ricche di arte e di storia. Infine ho concluso la mia giornata visitando le Terme di Saturnia dove c'è una grande piscina con le acque termali e sarà possibile portarci i nostri ragazzi pagando un prezzo ridotto per comitive. Sono partita per Grosseto dove ho cenato da "Tonino" e dormito all'albergo "Parrini". Il giorno dopo, 5 febbraio, ho preso la superstrada per Siena, da qui quella per Firenze e finalmente ho imboccato l'autostrada A1 e dopo circa tre ore sono arrivata a Modena. Penso che con i nostri mezzi gli autisti potranno portare i ragazzi a destinazione impiegandoci circa cinque-sei ore.
Allego alla relazione le fatture per le spese sostenute.

Annamaria Monciatti
funzionario amministrativo Assessorato all'istruzione
Comune di Modena

Lettura

1 Tracciate sulla carta il tragitto compiuto da Annamaria.

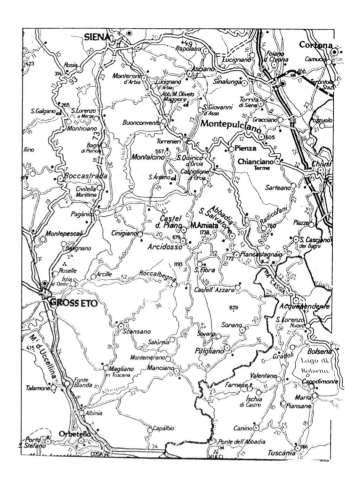

2 Riempite la tabella con i nomi dei luoghi, dei ristoranti ecc. in cui è stata Annamaria.

Località	Ristoranti	Alberghi

3 Completate il disegno del casale indicando i nomi delle stanze.

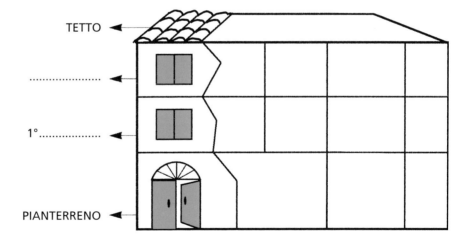

TETTO

....

1°....................

PIANTERRENO

Analisi

4 Il sostantivo "casale" che avete trovato nel testo è un nome *derivato*, cioè una parola connessa con il vocabolo di partenza (casa), ma con un significato in più. Si ottiene aggiungendo un suffisso (-ale) alla fine della parola di base. **Cercate sul dizionario i vari derivati della parola "casa" con le definizioni appropriate.**

....
....
....
....
....

facciamo il punto

In una relazione di viaggio l'autore dovrà cercare di *descrivere* in modo dettagliato il percorso seguito, i luoghi visitati, le varie tappe effettuate e le persone incontrate. Se scrive la relazione per motivi di lavoro dovrà elencare le attività svolte, i compiti eseguiti e i risultati raggiunti, aggiungendo la nota delle spese sostenute (con fatture e scontrini fiscali) se è previsto un rimborso-spese. Se vengono richieste delle valutazioni personali l'autore dovrà alternare ai dati oggettivi le proprie impressioni e i sentimenti soggettivi usando anche i verbi di opinione o facendo delle ipotesi sulle conseguenze del suo viaggio. Siccome si tratta di un testo sia *descrittivo* che *narrativo* i tempi verbali della narrazione (passato prossimo, perché la relazione deve essere scritta alla fine del viaggio) si succedono a quelli della descrizione (presente).

5 Riordinate i segmenti delle frasi che fanno parte di varie relazioni di viaggi di lavoro.

Mi sono recata a Roma per	il Dott. Vercelli e abbiamo discusso su come organizzare il trasporto delle merci.
Arrivata a destinazione mi sono incontrato con	di Fiumicino perché il treno aveva ritardato di circa 40 minuti.
Ho preso il treno alla stazione S. Maria Novella alle 7.10 e	pieno di opere d'arte. Alcune sono ben conservate, altre invece avrebbero...
Sceso dal treno ho preso un taxi per l'aeroporto	dell'autostrada. Al casello autostradale c'era la fila...
Abbiamo attraversato una pianura e poi siamo arrivati all'imbocco	vedere gli oggetti prodotti dal laboratorio "Salvini"...
È un paese bellissimo, ancora intatto e	sono arrivata a destinazione alla stazione di Napoli alle 12 circa...

6 Osservate le foto dei luoghi con le didascalie e provate a scrivere una breve relazione di viaggio.

La Valtellina è, con la Valchiavenna, la cerniera fra Lombardia ed Europa.

Qui sopra: la splendida facciata di Villa Foscarini Rossi a Strà.

Veduta di Bellagio, Lago di Como.

7 Scrivete la relazione di un viaggio che avete fatto cercando di raccontare dettagliatamente, e in ordine, il percorso compiuto, tutto quello che avete visto, le persone incontrate e le vostre impressioni. Immaginate di scriverla per un vostro amico che fa lo scrittore e ha bisogno di avere molto materiale su questo argomento.

Messina, 30 marzo

Spett.le COMPAGNIA DI ASSICURAZIONI "LEONE"
Piazza Libertà, 3
98100 MESSINA

Oggetto: Relazione incidente automobilistico

Martedì 27 marzo ultimo scorso alle ore 14.30 circa, la vettura Fiat Punto targata ME 9432643 (assicurata con la compagnia "Leone", polizza n° 4378F valevole fino al 30 giugno…) condotta da Maria Simone, procedeva a media velocità a Messina in viale Torricelli, in direzione di Porta Garibaldi. All'altezza della seconda traversa sulla destra, via Cavour, si immetteva nella stessa direzione di marcia la vettura Opel Kadett S.W., targata ME 9879659 (compagnia di assicurazioni "A.N.F.", n° polizza 28743G valida fino al 31 luglio…) senza rispettare il segnale di stop. La vettura suddetta, condotta da Rosario De Leo, procedeva a forte velocità e tamponava con la parte anteriore la Fiat nella fiancata destra, danneggiandole la portiera anteriore destra, il fanalino della freccia destra e la ruota destra. La Opel riportava dei danni alla parte anteriore: paraurti, fanali, cofano e parabrezza. La conducente della Fiat Punto ha riportato un trauma cranico dovuto all'urto improvviso e alla conseguente frenata. Il conducente della Opel Kadett non ha riportato traumi o conseguenze. A quell'ora la strada era poco trafficata e il veicolo che sopraggiungeva nello stesso senso di marcia della Fiat, una Lancia Y targata ME 7038597, è riuscito a fermarsi in tempo, prima di essere coinvolto nel tamponamento. Il suo conducente, Giuseppe Pellizza, si è dichiarato disponibile a testimoniare le fasi dell'incidente.

Mario Abate

Mario Abate

Mario Abate, Consulenze tecniche
Via Lipari, 141
98100 Messina
tel. 090-42385 / fax 57892

Lettura

2ª traversa a destra

	città: ....
1 Completate lo schema sulla base degli elementi illustrati nel testo.	data: ....
	ora: ....
	luogo: ....

Veicolo 1 (tipo):	Veicolo 2 (tipo):
Targa:	Targa:
Compagnia assicurativa:	Compagnia assicurativa:
Conducente:	Conducente:
Danni materiali:	Danni materiali:
Danni fisici al conducente:	Danni fisici al conducente:
Testimoni:	Testimoni:

il segnale di stop

tamponare

2 Fate una rappresentazione grafica dell'incidente indicando la posizione delle autovetture e i segnali stradali.

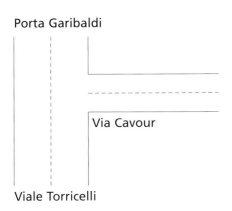

Porta Garibaldi

Via Cavour

Viale Torricelli

parabrezza

cofano

fanale

paraurti

ruota

portiera anteriore destra

fanalino freccia destra

Analisi

3 La relazione di un incidente deve necessariamente spiegare *cosa, come, dove, perché, quando* è successo qualcosa e *quanti* danni ci sono stati. **Provate a separare tutte queste informazioni fornite dal testo.**

....

....

....

....

....

4 Nel testo compaiono vari termini lessicali tipici di una microlingua (es. procedeva a media velocità). **Elencateli e, con l'aiuto del dizionario, spiegate il loro significato in tale contesto.**

....

....

....

....

....

facciamo il punto

Scrivere la relazione di un incidente significa produrre un testo descrittivo e contemporaneamente esaustivo, e che sia assolutamente "figurativo", in modo che il lettore possa immaginare l'avvenimento nei suoi dettagli. Si deve dire *chi, dove, come, quando, cosa* è successo, *perché* è successo. Dal punto di vista linguistico osserviamo che bisogna usare l'imperfetto (tempo descrittivo del passato) e che ci sono pochi pronomi perché costituiscono dei riferimenti ambigui, invece lo scopo del testo è quello di fare chiarezza.

5 Siete il signor Giuseppe Pellizza, alla guida della vostra Lancia Y avete seguito le fasi dell'incidente. **Scrivete una relazione dell'incidente dal vostro punto di vista.**

6 Con l'aiuto del dizionario provate a spiegare il significato delle espressioni seguenti:

- si accingeva a sostare
- in sosta
- usciva/entrava in un parcheggio
- circolava in senso inverso
- sorpassava

- cambiava di fila
- retrocedeva
- non aveva osservato il segnale di...
- invadeva la corsia stradale riservata alla circolazione in senso inverso

7 Inserite le parole e le espressioni elencate in ordine sparso negli spazi opportuni:

ammaccati	è stata tamponata	lieve	nella stessa fila
il segnale	danni	a diritto di precedenza	

Giovedì 1 settembre u.s. in Largo Cairola a Potenza, alle ore 11 circa, la vettura Fiat Tempra targata PZ 4899073 .... da una Volvo S.W. targata MT 773259 che procedeva a forte velocità nello stesso senso e .... Mentre la Fiat Tempra si fermava al segnale di incrocio con strada .... sopraggiungeva la Volvo che non rispettava .... e la tamponava. Il veicolo tamponato ha riportato i seguenti ....: paraurti posteriore e portiera del bagagliaio ...., fanale destro posteriore rotto: la Volvo ha subito un .... danneggiamento al paraurti anteriore.

8 Questa è la rappresentazione grafica di un incidente avvenuto fra la vostra vettura X ed una Y all'altezza di un semaforo che non è stato rispettato. **Provate a scrivere una relazione appropriata indirizzata alla vostra compagnia di assicurazioni.**

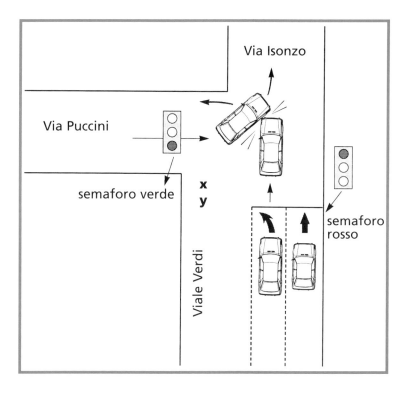

....

....

....

....

....

....

....

....

....

....

....

....

....

....

....

....

....

....

....

....

....

LETTERA DI PROTESTA

Avellino, 3/8/...

Spett.le
SOCIETÀ INTERBANCARIA S.P.A.
VIA MOLTENI, 184
20125 MILANO
FAX 02/2769408

Sono spiacente di doverVi segnalare un fatto accadutomi durante le ferie che Vi riguarda direttamente. Ho appena trascorso circa 20 giorni di vacanze (dal 10 al 30 luglio compreso) nella stessa località marina, e cioè all'isola del Giglio (GR). Chiaramente non ho portato con me molti soldi in contanti, considerato che sono titolare della Carta di credito I.B.C.C. n° 53985645 abilitata al servizio Bancomat e valida fino alla fine del corrente anno.

Fiducioso nella sua utilità e convenienza dopo circa quattro giorni, e precisamente di sabato, avevo necessità di prelevare del denaro e sono andato all'unico sportello automatico per il servizio Bancomat dell'unica banca esistente sull'isola (la C.R.I.) dove non sono riuscito a utilizzare la Carta in quanto il collegamento era interrotto per cause di servizio. Non Vi sto a descrivere la situazione in cui mi sono trovato, sia quel sabato che la domenica successiva, perché il display sullo sportello continuava a ripetere la stessa dicitura.

Lunedì mi sono recato in banca per chiedere chiarimenti e mi è stato risposto che il servizio Bancomat era momentaneamente interrotto ma che potevo usufruire della Carta chiedendo un anticipo di contante direttamente all'impiegato, cosa che ho fatto, anche se su questa operazione ho dovuto pagare una commissione bancaria molto alta (il 9% sull'importo richiesto), mentre l'utilizzazione del servizio Bancomat è gratuita.

Durante la settimana mi sono recato spesso allo sportello Bancomat, ma il collegamento era sempre interrotto e ho dovuto chiedere varie volte l'anticipo di contante. Alle mie ripetute richieste di spiegazioni gli impiegati della C.R.I. rispondevano che il collegamento sarebbe stato riattivato presto e che non dipendeva dal loro Istituto bancario ma dai Vostri Servizi Interbancari. Agli altri clienti che protestavano veniva risposto nello stesso modo, ma un signore che si trovava sull'isola da circa due mesi mi ha detto che durante la sua permanenza il servizio Bancomat non aveva mai funzionato.

Al ritorno dalle ferie sono andato nella mia banca per chiedere chiarimenti e mi è stato risposto che la responsabilità dell'accaduto è Vostra e che dovevo scriverVi una lettera di protesta per segnalare il disservizio.

Siete quindi pregati di porre rimedio a questa situazione incresciosa considerato il fatto che quello è l'unico sportello automatico esistente sull'isola e che vengono date delle garanzie precise sul suo funzionamento. Attendo le Vostre spiegazioni e le Vostre scuse altrimenti sarò costretto a rivolgermi all'Associazione Tutela dei Consumatori e a chiedere il pagamento dei danni.

Distinti saluti

Marco Rossetti

Dott. Marco Rossetti
Via del Ponte, 34 / int. 8
83100 Avellino

Lettura

1 **Segnate con una crocetta le affermazioni giuste fra quelle seguenti.**

- Il signor Rossetti ha portato con sé molti soldi in contanti ☐
- Il signor Rossetti è titolare di una Carta di Credito ☐
- La domenica si è recato a prelevare dei soldi ☐
- Lo sportello Bancomat era inesistente sull'isola ☐
- Lunedì ha prelevato dei soldi senza pagare nessuna commissione ☐
- Durante l'ultima settimana lo sportello automatico è stato riattivato ☐
- La responsabilità dell'accaduto è della C.R.I. ☐

2 **Accoppiate le parole delle due liste a seconda del loro significato.**

1. ☐ 2. ☐ 3. ☐
4. ☐ 5. ☐ 6. ☐

1. sportello
2. carta
3. servizio
4. anticipo
5. impiegati
6. collegamento

a. Bancomat
b. contante
c. interrotto
d. banca
e. credito
f. automatico

3 **Scrivete sul display dello sportello automatico le parole citate dal signor Rossetti.**

SPORTELLO BANCARIO
BANCOMAT

Analisi

4 Nel testo compaiono delle espressioni che segnalano il fatto che si tratta di una lettera di protesta. **Sottolineatele e trascrivetele.**

....
....
....
....
....

5 Il lessico usato è legato all'argomento bancario. **Sottolineate le parole che fanno parte di questo settore.**

facciamo il punto

Per scrivere una lettera di protesta è necessario raccontare dettagliatamente e chiaramente cosa è successo, sottolineando i problemi emersi in modo civile e formale; in parallelo possiamo segnalare le eventuali responsabilità dell'accaduto. È solo alla fine della lettera che potremo esprimere i nostri sentimenti (rabbia, delusione, imbarazzo ecc.) cercando di farlo sempre con un tono corretto, uniti a richieste di spiegazioni, scuse, pagamento danni o minacce di azioni legali a seconda della situazione. Nel racconto dei fatti sarà indispensabile usare un lessico attinente all'argomento.

6 **Scrivete SI o No a seconda se le frasi possano essere utilizzate in una lettera di protesta scritta ad una agenzia turistica per un viaggio mal organizzato.**

- Sono lieto di comunicarLe che il viaggio è andato benissimo… ☐
- Mi piacerebbe sapere come mai avete organizzato questo viaggio… ☐
- Inoltre non riesco a rendermi conto di come abbiate potuto… ☐
- L'albergo era confortevole e vicino al centro storico… ☐
- Voglio che sappiate che in futuro non mi servirò più della vostra agenzia… ☐
- Nel caso che non mi rispondiate mi vedrò costretto a denunciare l'accaduto… ☐

7 **Completate la lettera con le espressioni indicate in ordine sparso.**

Spett.le redazione del "Buongustaio"

Vorrei informarVi del fatto che il ristorante Da Piero della nostra città, da Voi consigliato nel numero 10 della Vostra rivista, non merita le tre stelle che gli avete assegnato. Il 23 settembre scorso, ……………………, mi sono recato nel suddetto ristorante portando con me due ospiti di riguardo a cui, per ragioni di lavoro, dovevo offrire un pranzo. …………………… la scarsa attenzione prestataci dal personale, basti ricordare che ci è stato portato il menù dopo circa 30 minuti che eravamo seduti; eppure il locale era semivuoto. La maggior parte dei piatti segnati sul menù erano già terminati …………………… 13,10; speravamo però che la qualità dei cibi fosse così buona da ripagarci del cattivo servizio. …………………… nostra delusione quando un cameriere ci ha servito una minestra di legumi quasi fredda su cui galleggiavano dei pomodori praticamente crudi. Il secondo e i contorni erano immangiabili tanto avevano un odore disgustoso e un sapore decisamente orribile. Vi lascio immaginare il mio imbarazzo con i miei ospiti, che …………………… e accettato le mie scuse. La sorpresa finale è stata costituita dal conto… SALATISSIMO!!! (circa 50 euro a testa). …………………… questa mia lettera e pubblicarla in modo da poter impedire che i gestori del ristorante continuino ad AVVELENARE i malcapitati con un servizio del genere e tali *delizie*. Considerata la serietà della Vostra rivista …………………… un Vostro giornalista abbia potuto dare un'indicazione così falsa. Mi auguro che in futuro non si ripetano questi spiacevoli episodi.

Distinti saluti
Prof. Mario Boschi

Spero che vogliate prendere atto di	Non Vi sto a raccontare in dettaglio
Vi potete immaginare quindi la	seguendo le Vostre indicazioni
spero abbiano capito la situazione	nonostante fossero appena le mi meraviglio di come

8 Scrivete una lettera di protesta al vostro padrone di casa perché, nonostante vi abbia aumentato l'affitto, non ha provveduto a far riparare l'impianto di riscaldamento come vi aveva invece promesso.

Bergamo, 3 marzo…

Gent.mo Sig.re Massimo Tiberi,

....

....

....

....

....

....

....

....

....

....

....

....

....

....

....

....

....

....

Distinti saluti

LETTERA DI SCUSE

Milano, 20 agosto…

Egregio Dott.
Marco Rossetti
Via del Ponte, 34 / int. 8
83100 Avellino

Egregio Dott. Marco Rossetti,

in merito alla Sua lettera del 3 u.s. crediamo sia utile fornirLe alcune spiegazioni che speriamo possano soddisfarLa pienamente.

Durante la Sua permanenza sull'isola del Giglio (GR) si sarà reso conto che spesso si sono verificate delle interruzioni di energia elettrica in vari momenti della giornata. Questo è dovuto al fatto che si stanno realizzando dei lavori di risistemazione della rete a fibre ottiche che serve a collegare l'isola alla terraferma. Tali lavori hanno lo scopo di migliorare tutta una serie di servizi sull'isola in modo da permetterne una migliore distribuzione e utilizzazione. Inoltre sta per essere ultimata sull'isola la costruzione di una centrale eolica che deve fornire una parte di energia agli isolani.

Chiaramente questa situazione crea dei disagi temporanei agli utenti che però potranno usufruire di migliori servizi nel futuro.

Nel progetto, finanziato dalla Regione Toscana, sono coinvolte varie Società fra le quali la nostra e la realizzazione del progetto è prevista entro la fine dell'anno prossimo.

Rimane infine da precisare che gli abitanti residenti sono stati avvertiti a mezzo stampa, e prima dell'inizio dei lavori, dei disagi che avrebbero potuto subire. Gli impiegati della C.R.I. ne erano quindi a conoscenza perfettamente. Forse non hanno ritenuto opportuno scendere nei particolari per spiegarLe la situazione.

Certi della Sua comprensione Le porgiamo i nostri saluti rinnovandoLe l'invito a servirsi della Sua personale Carta di credito e a rivolgersi a noi per qualsiasi precisazione di cui abbia bisogno.

Ufficio Promozione e Rapporti con i clienti
SOCIETÀ INTERBANCARIA S.P.A.
VIA MOLTENI, 184
20125 MILANO
FAX 02/2769408

Lettura

1 **Individuate la risposta giusta.**

	I	II	III
Sull'isola del Giglio si sono verificate delle interruzioni di energia elettrica?	Sì	Mai	Solo di mattina
Perché si stanno facendo i lavori di risistemazione della rete a fibre ottiche?	Perché c'è stato un guasto	Perché il collegamento non funzionava	Per migliorare i servizi
Si sta costruendo una centrale eolica?	Sì	Solo come ultima possibilità	No
Gli abitanti sono stati avvertiti?	Solo gli impiegati della banca	Sì	No

2 **Eliminate da ogni gruppo la parola che non è omogenea con le altre.**

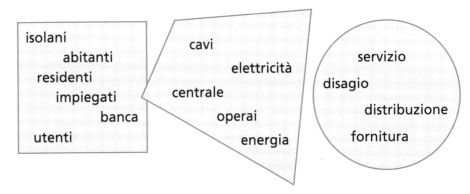

isolani
abitanti
residenti
impiegati
banca
utenti

cavi
elettricità
centrale
operai
energia

servizio
disagio
distribuzione
fornitura

3 **Associate ogni parola alla definizione appropriata.**

1. [ ]   2. [ ]   3. [ ]
4. [ ]   5. [ ]

1. terraferma
2. temporaneo
3. disagio
4. ultimare
5. precisazione

a. portare a compimento
b. spiegazione dettagliata
c. periodo di tempo determinato
d. continente
e. situazione spiacevole

Analisi

4 **Elencate, sotto forma di punti, le motivazioni date dalla Società Interbancaria al Sig. Rossetti per giustificare il disagio denunciato.**

....
....
....
....

5 **Elencate tutte le espressioni usate per chiedere scusa del disservizio.**

....
....
....
....

facciamo il punto

Nella lettera di scuse dobbiamo dare una *spiegazione* dei fatti accaduti e offrire delle *motivazioni* valide per ciò che concerne i nostri eventuali errori. Dovrà avere un *tono cortese* e *chiarificatore* cercando di mostrare i fatti dal nostro punto di vista. Potrà anche fornire delle informazioni completamente sconosciute al destinatario, in modo da convincerlo riguardo alle nostre intenzioni. In apertura e in chiusura ci si rivolgerà al destinatario della lettera facendo ampio uso dei connettori, come i pronomi personali o i possessivi, che in tal caso non costituiscono un riferimento ambiguo, ma servono a stabilire il contatto diretto con il nostro interlocutore.

6 Scrivete alcune frasi di "scuse" utilizzando come inizio le espressioni seguenti.

Riguardo alla Vostra nota inviatami in data 27 aprile ritengo opportuno…

Crediamo che ciò possa contribuire a…

Si ritiene opportuno precisare che…

Le rinnoviamo l'invito a continuare nella…

Certi di aver chiarito l'equivoco…

Siamo lieti di poter eliminare qualsiasi dubbio…

7 Ordinate i segmenti in modo da ricomporre la lettera diretta all'amministratore del Residence Primavera (in cui si trova la vostra seconda casa) dove vi scusate per non aver pagato nei termini regolari la vostra quota di condominio.

1. Vorrei chiarire subito questo malinteso, in modo da ristabilire in pieno i nostri buoni rapporti.

2. Dalla Sua ultima lettera apprendo che io non ho versato la quota che mi spetta entro i termini stabiliti

3. circa cinque mesi fa L'avevo avvertita telefonicamente che sarei dovuto andare all'estero per tre mesi per motivi di lavoro.

4. Sicuro di poter pagare anche posticipatamente sono partito tranquillamente, fiducioso che avrei saldato il conto al mio ritorno.

5. e che non ho risposto alle Sue due precedenti lettere sempre sullo stesso argomento. Mi si chiede infine di provvedere al pagamento entro 15 giorni minacciando di prendere dei provvedimenti nei miei confronti.

6. Non era mia intenzione non rispettare la programmazione annuale, ma se ben ricorda

7. Lei aveva detto che non c'era nessun problema se avessi ritardato di qualche mese il pagamento.

8. Sono certo che Lei si ricorderà della mia telefonata rendendosi conto della mia buona fede e vorrà restituirmi la Sua fiducia.

9. Cosa che ho fatto puntualmente andando in banca il giorno successivo al mio rientro in Italia.

8 Scrivete una lettera al vostro padrone di casa in cui vi scusate per non aver pagato l'affitto dell'appartamento entro la prima settimana del mese. Date delle giustificazioni valide.

DOMANDA DI LAVORO

Spett.le S.R.U.E. Società di Ricerca sull'Unione Europea
Via A. Gramsci, 175
10121 Torino

Siena, 24 maggio...

Gentile Dott. Minucci,
responsabile del settore ricerca della S.R.U.E.

essendomi laureata recentemente in Scienze Politiche, con una tesi in Diritto delle Comunità Europee, sto mettendomi in contatto con varie società di ricerca per inserirmi nel mondo del lavoro. Siccome ritengo che la vostra azienda sia una delle più avanzate nel settore, La prego di dedicarmi solo un attimo del suo tempo per valutare il mio curriculum e le mie richieste di lavoro.

L'indirizzo dei miei studi e il lavoro di ricerca fatto per la tesi mi hanno spinto ad approfondire un argomento che credo sia centrale per la vostra azienda: la necessità di uniformare i diritti fondamentali all'interno della Unione Europea in modo da semplificare sia l'applicazione delle varie normative che l'interpretazione delle medesime. Una recente esperienza di lavoro nell'ufficio Scambi culturali e convenzioni con l'estero dell'Università di Siena mi ha permesso di avvicinarmi al problema anche da un punto di vista pratico. Confrontando pratiche amministrative, con relative interpretazioni e applicazioni ho potuto toccare con mano i problemi reali derivanti da una confusione presente nel settore che necessiterebbe di direttive sintetiche e chiare stabilite in sede di Unione Europea.

Conosco la serietà della vostra società e la capacità di elaborare progetti di ricerca estremamente stimolanti e produttivi, l'affidabilità dei vostri risultati costituisce un altro elemento di pregio che ho avuto modo di apprezzare attraverso lo studio delle vostre pubblicazioni.

Sarei quindi veramente interessata a stabilire con voi un rapporto di lavoro in cui potrei esprimere la mia determinazione, la capacità di saper collaborare con gli altri e la passione alla ricerca. Sono disposta a viaggiare e a trasferirmi, convinta che la conoscenza di due lingue mi sarà di aiuto, sono disponibile anche a collaborazioni molto flessibili su progetti specifici.

Sperando che la mia richiesta possa essere presa in considerazione Le allego il mio curriculum vitae e Le invio i miei più distinti saluti.

Nicoletta Russo

Nicoletta Russo

Lettura

1 Completate la scheda con i dati che conoscete.

Nicoletta
Professione?
In quale materia ha fatto la tesi?
Dove ha lavorato?
Per quanto tempo?
Di quali problemi si è resa conto Nicoletta?
Di che cosa si occupa la società S.R.U.E.?
Che cosa offre Nicoletta?
Che cosa chiede Nicoletta?

2 Indicate in ogni gruppo di parole quelle che non fanno parte del campo semantico del lavoro.

1. azienda; società; classe; settore;
2. capo; professore; direttore; responsabile;
3. applicazione; normativa; collaborazione; tesi;
4. critica; interpretazione; affidabilità; amministrazione;
5. pratiche; esami; progetti; problematiche;
6. indirizzo; direttive; convenzioni; collega;

Analisi

3 Dividete la lettera in paragrafi dando un titolo a ciascuno di essi.

4 Riconoscete quali sono le frasi usate da Nicoletta per:

- attirare l'attenzione sulla sua richiesta
- dimostrare che i suoi campi di interesse possono essere gli stessi della S.R.U.E.
- sottolineare l'immagine di serietà e competenza della S.R.U.E.

facciamo il punto

Una buona lettera scritta per fare una domanda di lavoro (che senza dubbio sarà accompagnata dal curriculum-vitae) deve possedere alcuni requisiti fondamentali; innanzitutto deve valorizzare le qualità positive della persona, evidenziando i punti forti: un buon titolo di studio (diploma o laurea) con un'ottima valutazione da soli non costituiscono una particolare caratteristica, mentre specializzazioni, tipo master o stage fatti su argomenti specifici, vanno giustamente sottolineati. Le esperienze di lavoro, anche se brevi, contribuiscono ad arricchire il proprio valore sul mercato, insieme alla conoscenza di lingue straniere e alla disponibilità alla flessibilità, intesa sia sul piano dei trasferimenti che su quello della possibilità di accettare anche contratti su progetti a termine con mansioni intercambiabili. Sarà una lettera con un registro linguistico formale, ma non impersonale, perché dobbiamo differenziarci dagli altri. Per illustrare le cose fatte useremo senz'altro i tempi del passato, mentre per esprimere le nostre richieste in modo sfumato preferiremo il condizionale.

5 **Ordinate i segmenti di testo della lettera seguente.**

> Alla Dott.ssa Ferrini
> direttrice responsabile delle Librerie Associate
>
> 1) Per circa un anno ho lavorato in una libreria della mia città, a conduzione familiare, in sostituzione di una collega che era in maternità e ho potuto fare esperienza sia del contatto diretto con il pubblico, in qualità di addetto alle vendite, che del modo di organizzare il lavoro, la distribuzione, la vendita e l'inventario dei libri, visto che il titolare mi ha permesso di poter imparare molti tipi di lavoro all'interno della libreria.
> 2) Sono laureato in Lettere con una tesi sul "Significato dell'espressionismo nel teatro di Luigi Pirandello" di cui ho pubblicato un saggio su una rivista specializzata. Sono veramente interessato alla letteratura per cui nutro una vera e propria passione.
> 3) Sperando che il mio interesse possa esser soddisfatto Le invio il mio curriculum-vitae e Le porgo i miei più distinti saluti.
> 4) Stare a contatto con i libri è veramente il mio desiderio più profondo ed è per questi motivi che sto tentando di inserirmi nel mondo dell'editoria.
> 5) Sono venuto a conoscenza del fatto che la L.A. sta cercando del personale da assumere in varie forme nella catena delle proprie librerie e sarei lieto di poter partecipare alla selezione, convinto di poter offrire alla società dei requisiti di disponibilità al trasferimento, al contatto diretto con il pubblico, buona conoscenza di una lingua straniera e flessibilità nelle mansioni, motivati dalla mia determinazione a voler scegliere questo tipo di lavoro.

6 **Componete le frasi nel modo più opportuno.**

1. Essendomi laureato in
2. Come laureato in marketing sono
3. Una società come la vostra
4. Ho avuto un'esperienza nel settore
5. Mi sono potuta rendere conto
6. Per circa un anno ho lavorato
7. Ho frequentato uno stage

a. rappresenta per me un esempio di…
b. bancario, in qualità di consulente…
c. statistica aziendale credo di poter…
d. nel ramo marketing di una società…
e. in azienda, "dal vivo"
f. fortemente interessato alla ditta
g. dell'importanza degli aspetti pratici

7 Scrivete una lettera per una domanda di lavoro ad una ditta o società che vi interessa in cui motivate la vostra richiesta con le vostre qualità e specializzazioni, sottolineando i punti positivi e cercando di convincere i responsabili della ditta che siete la persona giusta per loro.

CURRICULUM VITAE

DATI PERSONALI	**Nome e Cognome:** Nicoletta Russo **Data e luogo di nascita:** nata a Grosseto il 22/7/1975 **Stato civile:** nubile **Residenza:** via Dario Cerri, n. 37 53100 Siena Tel. 0577/439642
TITOLI DI STUDIO	Laurea in Scienze Politiche presso la Facoltà di Giurisprudenza dell'Università degli studi di Siena il 7 ottobre 2000, con una tesi in Diritto delle Comunità Europee, Prof. L. Ferruzzi "Unione Europea e diritti fondamentali", con votazione finale di 110 e lode. Diploma di maturità scientifica conseguito nell'anno scolastico 1993/94 presso il Liceo G. Galilei di Siena, voto 56/60.
CORSI DI FORMAZIONE	Luglio Settembre 1997 Corso di inglese di 150 ore presso l'Università di Cambridge: livello "upper-intermediate". Marzo Maggio 2001 Corso in "Comunicazione e Relazioni pubbliche", organizzato dal Centro di Formazione Professionale (C.I.R.) "Nuove tecnologie" di Poggibonsi (SI). Durata di 200 ore (140 di teoria e 60 di stage).
LINGUE CONOSCIUTE	Inglese: ottima conoscenza scritta e parlata Francese: discreta conoscenza scritta e parlata
CONOSCENZE INFORMATICHE	Buona conoscenza dei principali programmi di videoscrittura (Word, Wordperfect) e pacchetti applicativi (Multiplan IBM).
ESPERIENZE DI LAVORO	Impiegata con contratto a termine (giugno-settembre 2001) all'amministrazione provinciale di Siena nel settore della gestione del Turismo. Collaborazioni saltuarie con la società "Plus" per le Pubbliche Relazioni.

Lettura

1 Rispondete alle domande.

	Sì	No
Nicoletta vive a Grosseto		
Nicoletta è laureata in maturità scientifica		
La tesi s'intitola "Diritto delle Comunità Europee"		
Nicoletta ha studiato inglese in Gran Bretagna		
Ha avuto soltanto impieghi saltuari		

2 Accoppiate le espressioni alla definizione corrispondente.

1. presso
2. tesi
3. diploma
4. maturità
5. conseguire
6. discreta
7. a termine
8. collaborazioni saltuarie

a. nell'ordinamento scolastico italiano quella che si ottiene alla fine degli studi secondari

b. senza carattere di continuità

c. per un periodo definito che non può essere superato

d. vicinanza in senso figurato

e. documento ufficiale che attesta il compimento di un corso di studi

f. ricerca su un argomento

g. ottenere qualcosa

h. sufficiente a soddisfare i bisogni linguistici primari

Analisi

3 Senza rileggere il testo iniziale provate a inserire le parole del riquadro nel segmento del testo.

studi	Facoltà	finale	Politiche	Europee	Diritto	Unione

Laurea in Scienze .... presso la Facoltà di Giurisprudenza dell'Università degli .... di Siena il 7 ottobre 2000, con una tesi in .... delle Comunità ...., Prof. L. Ferruzzi, "........................ Europea e diritti fondamentali", con votazione .... di 110 e lode.

facciamo il punto

Per scrivere un buon curriculum vitae e renderlo più efficace bisogna rispettare alcune regole; innanzitutto si devono usare frasi brevi, con paragrafi ben distinti; deve avere un tono cortese e misurato; vivacizzato con soluzioni grafiche disponibili nei vari programmi di videoscrittura. Non occorre allegare documenti inutili che saranno eventualmente richiesti in seguito. In generale è composto di quattro/cinque parti: i *dati personali*; l'*istruzione* (cioè i titoli di studio posseduti, le lingue straniere conosciute e le conoscenze informatiche), i *corsi extrascolastici* e le *esperienze di lavoro*; infine possiamo aggiungere delle informazioni sui nostri *interessi extra professionali* al fine di descrivere meglio le nostre competenze soprattutto quelle che riteniamo utili allo scopo.

4 **Mettete in ordine le varie parti del curriculum vitae di Carla Taddei seguendo lo schema del testo iniziale.**

1. Supplente di materie letterarie nell'anno scolastico 1998-1999 presso l'Istituto tecnico commerciale "L. da Vinci" di Pescara.

2. Ottima conoscenza della lingua francese scritta e parlata e buona conoscenza della lingua inglese.

3. Insegnante di italiano, storia, educazione civica e geografia nell'anno scolastico 1999-2000 presso la Scuola media "G. Leopardi" di Pescara.

4. Corso di Formazione presso l'Università G. D'Annunzio di Chieti nell'anno accademico 1999-2000 sull'utilizzazione di alcuni programmi multimediali per l'insegnamento della letteratura.

5. Carla Taddei, nata a Chieti il 3 febbraio 1972. Residente in via del Porto, 43, 65100 Pescara, tel. 085429079.

6. 1995-1996: corsi di lingua inglese presso l'Istituto "Lingue vive" di Pescara.

7. Chieti, Università G. D'Annunzio, 1995: Laurea in Lettere, con votazione finale: 108/110.

8. Abilitazione all'insegnamento di "Materie letterarie nei licei" nell'anno 1996 con votazione 38/40.

9. Tesi di laurea in Letteratura italiana moderna, Prof.ssa A. Molinari: "Il 'moderno' sentire di G. Leopardi".

10. Chieti, 1990: Maturità classica, voto 56/60.

11. Abilitazione all'insegnamento di "Italiano, storia e educazione civica, geografia nella scuola media" nell'anno 1996, voto 37/40.

12. Chieti, Università G. D'Annunzio, 1997-1998: Scuola di specializzazione in "Didattica della letteratura", voto 97/100.

13. Insegnante di materie letterarie nell'anno scolastico 2000-2001 presso il Liceo scientifico "L. Pirandello" di Pescara.

14. 1992-1994: corsi di lingua francese presso l'Istituto "Lingue vive" di Pescara.

15. Luglio-agosto 1989: corso di francese all'Université di Poitiers.

5 Scrivete il vostro curriculum vitae per una ditta che vuole assumere del personale. Definite prima il destinatario e poi inserite nel curriculum tutte le informazioni che ritenete utili.

DOMANDA DI AMMISSIONE

Al Magnifico Rettore dell'Università
per Stranieri di Siena - Via Pantaneto, 45
53100 SIENA

..l.... sottoscritt.**O DIEGO BECATTI**..... (le donne coniugate indicheranno
il cognome da nubile seguito dal proprio nome e dal cognome del marito) chiede di
essere ammess.**O** al concorso per n. **3** posti di **OPERATORE AMMINISTRATIVO**
presso **UNIVERSITÀ PER STRANIERI**......... di cui al bando di concorso
pubblicato nella *Gazzetta Ufficiale* n. 8 del 18 febbraio ....

A tal fine dichiara:
1) di essere nat.**O** il ...**28/04/74**..a ...**SIENA**.........................;
2) di essere in possesso della cittadinanza ..**ITALIANA**..............;
3) di essere iscritt.**O** nelle liste elettorali del comune di ..**SIENA**.......;
   (se non iscritto/a indicare i motivi della non iscrizione o della cancellazione dalle liste);
4) di non aver riportato condanne penali (in caso contrario indicare le eventuali condanne penali riportate);
5) di essere in possesso del **DIPLOMA DI SCUOLA SUPERIORE**...;
   (indicare il titolo di studio fra quelli richiesti);
6) di essere nella seguente posizione rispetto agli obblighi militari **SVOLTO SERVIZIO CIVILE**
7) ....(indicare eventualmente i servizi prestati nella pubblica
   amministrazione e gli eventuali motivi della risoluzione);
8) .... (indicare gli eventuali titoli che danno diritto all'eleva-
   zione del limite d'età);
9) che le comunicazioni relative al concorso devono essere inviate al seguente indirizzo: **VIA SAN MARTINO 188-SIENA**......................

Data ...**5/5**.....

Firma .... (✳)

_____

(✳) Autenticazione della firma da parte di un notaio o del segretario comunale oppure da uno
dei pubblici ufficiali di cui all'art. 20 della legge 4 gennaio 1968, n. 15. Per i dipendenti dello Stato
e per coloro che prestano servizio militare è sufficiente rispettivamente il visto dal capo ufficio e
del reparto militare presso cui prestano servizio.

Lettura

1 Completate la tabella con i dati di Diego Becatti.

data di nascita	
luogo di nascita	
cittadinanza	
titolo di studio	
luogo di residenza	

GAZZETTA UFFICIALE

2 Rispondete vero/falso alle affermazioni.

	vero	falso
1. le donne che vogliono fare il concorso devono essere sposate	☐	☐
2. il concorso è stato pubblicato nella Gazzetta Ufficiale	☐	☐
3. chi vuole fare il concorso deve poter votare	☐	☐
4. gli uomini che fanno il concorso devono aver già svolto il servizio militare	☐	☐
5. per fare il concorso è necessario aver prestato dei servizi nella pubblica amministrazione	☐	☐
6. è possibile che il limite di età sia elevato	☐	☐

CONCORSO CONCORSO CONCORSO CONCORSO CONCORSO CONCORSO CONCORSO

Analisi

3 Segmentate il testo della domanda dando dei titoli ad ogni segmento come nell'esempio.

1. Al Magnifico Rettore dell'Università per Stranieri di Siena - Via Pantaneto, 45 - 53100 SIENA /
DESTINATARIO

2. ....

3. ....

4. ....

5. ....

6. ....

7. ....

8. ....

9. ....

facciamo il punto

Quando andiamo a scrivere una domanda di ammissione generalmente dobbiamo seguire le linee di un facsimile preparato dall'ente o dall'istituzione a cui dobbiamo rivolgere la domanda. In esso saranno contenute tutte le informazioni necessarie al fine di selezionare la persona giusta. Saranno richiesti i dati personali anagrafici, la situazione giudiziaria, il titolo di studio posseduto, gli eventuali lavori svolti, i servizi prestati e l'indirizzo a cui inviare le comunicazioni. La domanda sarà completata dalla data e dalla firma che dovrà essere autenticata, cioè riconosciuta come firma autentica dalle autorità predisposte. Si dovrà fare attenzione a completare esattamente tutte quelle desinenze che servono a definire il genere dei nomi. Qualche volta alla domanda è necessario allegare alcuni documenti richiesti.

4 Completate lo schema di una domanda di ammissione a un concorso pubblico con i vostri dati personali.

DATI ANAGRAFICI

COGNOME DI NASCITA   NOME

....

DATA DI NASCITA   PROVINCIA DI NASCITA   SESSO

□□ / □□ / □□   □□   □ / □
giorno/mese/anno   sigla

CITTÀ DI RESIDENZA   INDIRIZZO

....

CITTADINANZA

....

SITUAZIONE GIUDIZIARIA

....

TITOLI DI STUDIO

....

TITOLI PROFESSIONALI

....

LAVORI SVOLTI

....

DATA   FIRMA

....

---

5 Dovete scrivere una domanda di ammissione ad una università per un corso di master da fare dopo la laurea. Decidete voi la materia del corso e specificate tutti i dati e i titoli (di studio, professionali e di servizio) che vi possono essere utili in una situazione del genere.

L'ultima ricerca ISTAT rivela una crescita "sotto zero"

NIENTE NASCITE IN ITALIA

Fra duecento anni rischiamo l'estinzione

Nonostante l'invito della Chiesa cattolica a fare più figli la riduzione della fecondità è, in Italia, un fenomeno in ascesa. Lo rivela l'ultimo studio fatto dall'ISTAT (Istituto Nazionale di Statistica) che proprio ieri ha diffuso i dati riguardanti il saldo demografico, cioè il rapporto fra nascite e morti, relativo all'anno passato.

La novità consiste nel fatto che i decessi sono stati superiori alle nascite, e quindi la popolazione italiana è diminuita di oltre 5.000 unità: soltanto durante gli anni 1917-1918, a causa della prima guerra mondiale, l'Italia aveva avuto una situazione simile. L'allarme, lanciato negli scorsi anni dai demografi a proposito della "crescita zero" e quindi della parità fra nascite e morti aveva già annunciato il declino della popolazione italiana anche se gli specialisti avevano previsto tempi più lunghi. L'indice totale di fecondità nel nostro paese è il più basso del mondo, pari a 1,21 figli per ciascuna donna, e se lo confrontiamo con i valori francesi di 1,65 figli per donna si comprende come il fenomeno sia specifico rispetto ai paesi del Nord Europa.

Bisogna però precisare alcuni dati: prima di tutto l'incremento dei numeri dei decessi va ricondotto all'invecchiamento della popolazione e non a un peggioramento delle condizioni di vita che, al contrario, hanno avuto un miglioramento progressivo; e poi la diversità fra zone geografiche. Mentre al Settentrione abbiamo un quoziente di natalità dell'8,1 nati ogni mille abitanti, al Mezzogiorno si arriva all'11,8 per mille, ma non sufficiente per compensare la situazione nazionale.

Queste cifre sembrano confermare i risultati di un recente studio dell'Irp, Istituto di ricerche sulla popolazione del CNR, secondo il quale la popolazione italiana rischierà l'estinzione fra 150-200 anni, se continuerà il fenomeno in atto. Le ragioni culturali di questa tendenza, un'incertezza sul futuro, la difficoltà per le donne madri di rimanere sul mercato del lavoro, la scarsa disponibilità del partner ad accudire i figli, si intrecciano a quelle materiali ed economiche, come gli assegni familiari bassi e l'alto costo del mantenimento dei figli, delineando così un nuovo modello di vita del nostro paese.

Lettura

1 Trovate se le affermazioni sono vere o false.

	vero	falso
a. In Italia stanno aumentando le nascite	☐	☐
b. Durante questo secolo in Italia non si era mai verificata una situazione del genere	☐	☐
c. I demografi avevano previsto esattamente le fasi e i tempi del movimento naturale della popolazione italiana	☐	☐
d. La situazione italiana è simile a quella degli altri paesi europei	☐	☐
e. Nell'anno passato in Italia sono peggiorate le condizioni di vita	☐	☐
f. Nel Sud dell'Italia si fanno più figli che al Nord	☐	☐

2 Riportate nella rappresentazione grafica i valori dei quozienti di natalità citati nell'articolo.

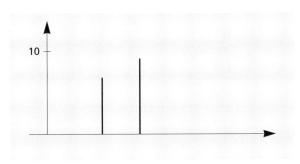

Analisi

3 Nell'articolo sottolineate con due colori diversi i dati oggettivi (per es. le percentuali) e il commento soggettivo del giornalista. Fate attenzione che spesso anche i dati oggettivi vengono manipolati dall'autore che vuole giungere a certi risultati.

4 Nel testo compaiono espressioni tipiche della demografia, cioè lo studio della popolazione (si parla di "saldo demografico"). Elencate i termini specialistici usati e cercate di darne una definizione con parole vostre.

....
....
....
....
....
....

facciamo il punto

Un articolo di costume descriverà dei fenomeni tipici di una cultura o paese. La descrizione sarà sostenuta da dati "oggettivi", spesso da percentuali, lo scopo è quello di essere sintetici riuscendo a dare, nello stesso momento, una rappresentazione grafica del problema che vogliamo illustrare. I dati statistici vanno spiegati e poi commentati, sono la base del nostro discorso, devono essere le strutture su cui costruiamo le nostre argomentazioni. Il risultato sarà più efficace se i dati sono accompagnati dalle relative rappresentazioni grafiche: diagrammi a torta, istogrammi, curve ecc.

5 Eccovi i dati di una rilevazione. **Provate a scrivere sul quaderno un articolo di 15 righe. Potete inventare la risposta ai "perché".**

ARGOMENTO:

"La droga nelle scuole superiori"

Domande:

1. Hai mai fatto uso di droga?	Sì: 24%	NO: 76%
2. Se sì quale tipo?	LEGGERA: 20%	PESANTE: 4%
3. È stata un'esperienza?	POSITIVA:15%	NEGATIVA: 85%
4. Perché?	....	
5. Vorresti ripetere l'esperienza?	Sì: 12%	NO: 88%
6. Secondo te è un'esperienza socializzante?	Sì: 21%	NO: 79%
7. Perché?	....	

6 Eccovi una serie di possibili argomenti da cui possiamo sviluppare un articolo di costume sostenuto da dati statistici. **Sceglietene uno; aggiungeteci alcune domande, inventate i dati.**

- Problematiche legate all'adolescenza:
  a. disagio fisico
  b. disagio psicologico (insicurezza, scarsa autostima)

- Problemi relativi alla sfera familiare
  a. con la figura materna
  b. con la figura paterna
  c. con altri membri della sfera parentale

- Problemi con la realtà scolastica
  a. conflitti con l'istituzione
  b. conflitti con i docenti
  c. conflitti con i coetanei

- Problemi di inserimento nella realtà sociale; contatti e rapporti con gli altri:
  a. adesione ad un gruppo (modelli di riferimento, coesione)
  b. l'altro dal gruppo, il diverso (accettazione, rifiuto)

7 Scrivete un articolo di circa 300 parole per il giornale della vostra università, dicendo che siete in Italia per tre mesi e che avete svolto un'inchiesta su un problema che riguarda i giovani.

FAVOLA

I FANCIULLI ASTRALI

C'era una volta un paese lontano dove non nascevano più bambini. Gli uomini e le donne si incontravano, si innamoravano, ma sceglievano di non fare figli, perché così la vita era più facile. Potevano divertirsi ed organizzare il loro tempo libero senza preoccupazioni, potevano perfino lavorare tutto il tempo che volevano. All'inizio tutto ciò era nato per caso, come una trasformazione della società, e tutti si erano adattati alla situazione; passavano gli anni e via via che i bambini crescevano e diventavano adulti anche i problemi crescevano: gli insegnanti delle scuole non avevano più il loro lavoro perché le scuole erano state chiuse. Lo stesso destino sarebbe toccato dopo poco anche alle università dove si vedevano già le prime crepe apparire sui muri. I negozi di giocattoli vendevano solo giochi di società per adulti. Non erano molti quelli che si preoccupavano di ciò, perché si pensava che nuove professioni avrebbero sostituito quelle vecchie: educare i fanciulli era così faticoso! E così, senza accorgersene, tutti invecchiavano ogni giorno di più.

Un mattino, di buon'ora, un uomo che stava raccogliendo i funghi nel bosco sentì un lieve mugolio dietro ad un cespuglio, pensò che fosse un animale ferito e si avvicinò, ma quale fu la sua sorpresa quando vide che si trattava di due piccoli neonati, uno biondo e una bruna, con lunghe ciglia e la pelle di un colore diverso da quello degli abitanti del paese, coperti da uno scialle di lana con degli strani disegni. L'uomo raccolse i due bambini e li portò in paese dove tutti furono informati dell'accaduto. La curiosità di vedere due piccoli neonati fu così forte che davanti alla casa dove erano stati portati si raccolse una lunga fila di persone.

Il primo problema fu quello di nutrire i due piccoli perché nessuno si ricordava che cosa mangiavano i neonati. Dopo vari tentativi andati a vuoto finalmente riuscirono a far succhiare ai piccoli una pappa preparata da una vecchia cuoca che aveva lavorato molti anni prima in un asilo nido. Coprire i lattanti, visto che era inverno, fu il secondo problema perché non esistevano misure adeguate di nessun tipo di abiti, così furono vestiti con cose molto grandi riadattate per l'occasione. Risolti questi problemi tutti cominciarono a fare delle ipotesi sul luogo da cui erano arrivati quegli esseri fantastici, ma nemmeno gli scienziati seppero dare una spiegazione dell'accaduto, si favoleggiava che provenissero da mondi astrali.

Passarono alcuni mesi e i bambini crescevano seguiti da tutta la popolazione: erano diventati così famosi che quando impararono a camminare migliaia di persone vennero a vedere l'evento; le loro prime parole vennero addirittura trasmesse su tutte le reti televisive. Era trascorso appena un anno dall'eccezionale ritrovamento che molte donne rimasero incinte suscitando una meraviglia generale e rinnovando memorie antiche.

In breve il paese si ripopolò: furono riaperte le scuole, i negozi di abbigliamento per bambini e perfino i parchi-gioco. Il sorriso e la dolcezza dei due neonati avevano restituito il sogno di una nuova vita a tutti gli abitanti.

Lucia

Lettura

1 Riempite la scheda quando è possibile.

Chi?	
Che cosa?	
Dove?	
Quando?	
Perché?	

2 Rispondete alle affermazioni.

	sì	no
1. Non facevano figli perché lavoravano troppo	☐	☐
2. Non c'era più bisogno degli insegnanti	☐	☐
3. Solo gli anziani erano preoccupati	☐	☐
4. I neonati avevano la pelle scura	☐	☐
5. L'uomo nascose i due bambini	☐	☐
6. Una cuoca preparò la pappa ai piccoli	☐	☐
7. Quando impararono a camminare divennero famosi	☐	☐
8. Le donne rimasero incinte dopo circa un anno che i bambini erano stati trovati nel bosco	☐	☐

Analisi

3 Nel testo sono usati molti sinonimi della parola bambino: sottolineateli e spiegate la differenza se il loro significato non coincide perfettamente.

4 Nei testi narrativi sono usati i tempi del passato, sottolineateli e divideteli in due colonne, da una parte inserite quelli dinamici (che mandano avanti l'azione), dall'altra quelli statici (che servono a descrivere, sospendono l'azione).

facciamo il punto

La favola è un testo di tipo narrativo dove si racconta "qualcosa" lungo l'asse del tempo: si parte da una situazione che viene modificata da alcuni eventi in cui sono coinvolti vari personaggi. Il tempo non è un tempo oggettivo ma assume un carattere atemporale, così i personaggi sono spesso 'fantastici' e 'magici'. I tempi verbali usati sono quelli del passato: l'*imperfetto* con la funzione di descrivere una situazione o di indicare la ripetizione di qualcosa (elemento fondamentale nelle favole ed evidente anche nel lessico), ha quindi un ruolo statico (sospende l'azione); e il *passato remoto* con un ruolo dinamico (manda avanti l'azione). Se voglio raccontare i fatti avvenuti "anteriormente" dovrò scegliere il *trapassato prossimo*, mentre se narro gli eventi accaduti "dopo" userò il *condizionale composto*. Al sistema verbale è legato anche l'uso di tutte le espressioni che indicano il passare del tempo (una volta, all'inizio, dopo poco ecc.). Altro elemento linguistico importante sono le scelte lessicali per l'abbondanza dei sinonimi di parole-chiave che qualche volta è necessario ripetere e altre volte è meglio indicare con termini simili ma non identici.

5 **Ricostruite un pezzo di favola riordinando i segmenti.**

- [ ] Quando si fece sera la volpe e il cinghiale erano però stanchi morti dal gran camminare e del mare non si vedeva traccia.
- [ ] C'era una volta una volpe che litigava sempre con un cinghiale perché tutti e due volevano essere eletti "re del bosco".
- [ ] Il cinghiale rispondeva che lui era il più forte perciò lei si doveva fare da parte.
- [ ] Un bel giorno arrivò nel bosco una scimmia che attirò subito l'attenzione degli altri abitanti.
- [ ] I due discutevano tutto il giorno; la volpe diceva: "Io sono la più furba e quindi il diritto di governare il bosco è mio".
- [ ] Allora la scimmia propose tre prove e disse: "La prima prova consisterà nel vedere chi arriverà per primo al mare, che dista molte leghe dal bosco".
- [ ] La scimmia invitò infatti la volpe e il cinghiale a dimostrare a tutto il popolo del bosco chi fosse veramente degno di regnare.
- [ ] Tutti gli abitanti del bosco assistevano divertiti a queste discussioni quotidiane, parteggiando ora per l'uno ora per l'altra.
- [ ] La volpe e il cinghiale risposero che avrebbero accettato ben volentieri di fare una gara in cui il vincitore sarebbe stato acclamato re.
- [ ] Senza pensarci nemmeno un minuto i due aspiranti re si misero in cammino verso il mare fra la folla festante degli altri animali.

6 **Scrivete l'inizio di una fiaba utilizzando i dati della tabella.**

Chi?	un pescatore molto povero, una vecchia
Dove?	in un paese in riva ad un lago
Che cosa?	il pescatore per aiutare la vecchia che era caduta nel lago ha perso la sua unica rete da pesca
Quando?	in inverno

....
....
....
....
....
....
....
....

7 Scrivete una favola tradizionale del vostro paese. Se non ricordate tutti i particolari potete arricchirla con la vostra fantasia.

VERBALE

Verbale dell'assemblea dei genitori
della Scuola materna comunale "Il girasole"

Il giorno 27 settembre… alle ore 17 si è riunita nei locali della Scuola materna "Il girasole" l'assemblea dei genitori per discutere il seguente ordine del giorno:

1. elezione dei rappresentanti dei genitori
2. programmazione attività didattica per l'anno scolastico…
3. mensa scolastica
4. varie ed eventuali.

1. A maggioranza vengono eletti Maria Casucci, Lorenza Vetturi e Filippo Neri in qualità di rappresentanti dei genitori.

2. Le insegnanti Marcucci, Pepi, Tiezzi e Mariotti, illustrano il programma didattico. Le classi verranno formate da bambini dai 3 ai 5 anni, in modo trasversale, per favorire la socializzazione stimolando i più piccoli e responsabilizzando i più grandi. Su attività specifiche si creeranno gruppi di lavoro divisi per età. Alla base della programmazione le insegnanti hanno posto il rapporto del bambino con il proprio corpo e con quello degli altri. Si partirà da una fase di osservazione individuale dell'espressione corporea per passare ad una di osservazione collettiva, utilizzando mezzi ludici: giocattoli, canzoni, favole, colori, trucchi e travestimenti. Negli ultimi due mesi dell'anno scolastico (maggio-giugno) le insegnanti propongono all'assemblea un corso di "acquaticità" da svolgersi una volta alla settimana nella piscina comunale. La proposta riceve il consenso di tutti i genitori presenti.

3. Riguardo al problema della mensa il genitore Toti chiede chiarimenti. Pepi distribuisce all'assemblea la guida del nuovo menù, spiegando che i pediatri che hanno elaborato la dieta hanno privilegiato dei cibi naturali, cotti senza grassi, introducendo molto pesce e limitando la carne 2 volte alla settimana, hanno introdotto il pane integrale e biologico, verdure e frutta di stagione in modo da educare i bambini ad un'alimentazione più sana. I genitori Cesa e Ferretti osservano che non sarà facile far accettare alcuni alimenti che i bambini non sono abituati a mangiare. Le insegnanti chiedono collaborazione alle famiglie per proporre nelle classi il nuovo tipo di dieta.

4. Tiezzi comunica all'assemblea che l'orario scolastico verrà anticipato alle 7.30. La seduta chiude alle ore 19.15.

genitore verbalizzante
Marta Fusai

Marta Fusai

Lettura

1 Eliminate dalla lista il nome di coloro che non sono presenti all'assemblea.

genitori   insegnanti

bambini   custodi

direttore   cuochi

2 Fate un elenco delle proposte delle insegnanti.

Proposte:

....

....

....

....

....

....

3 Scegliete fra i seguenti il gruppo che è stato inserito nel menù della scuola comunale.

pasta al forno
pane bianco
pesce fritto

patate fritte
carne arrosto
torta paradiso

spaghetti al pomodoro
pesce bollito
verdure bollite

4 Elencate il cognome delle persone intervenute nella discussione e contrassegnate con una X il loro ruolo in quel contesto.

Cognome	Genitore	Insegnante
....	....	....
....	....	....
....	....	....
....	....	....

Analisi

5 Quando si fa un verbale è necessario seguire un ordine temporale nel resoconto degli interventi. **Ricostruite il testo sistemando le varie sezioni e scrivendo accanto a ciascuna di esse una delle formule usate nel testo.**

Discussione vari punti ....

Data e ora di apertura ....

Ora di chiusura ....

Ordine del giorno..

6 Osservate i tempi verbali utilizzati per fare il resoconto dei vari interventi. Cercate di spiegare il perché del loro uso.

facciamo il punto

Un verbale è composto da due parti fondamentali: *una* più descrittiva dove si specifica il giorno, l'ora, la sede e le eventuali presenze alla riunione. Segue poi l'ordine del giorno (O.d.G.) che precisa gli argomenti dell'assemblea. L'ultimo punto all'O.d.G. sarà sempre "varie ed eventuali". Nella *seconda* parte si indicano le argomentazioni espresse dalle persone che intervengono nella discussione. Chiaramente si devono sintetizzare le varie opinioni. Bisognerà inoltre specificare se l'assemblea, nella sua maggioranza, è a favore o contraria rispetto ad alcune proposte che vengono messe a votazione. Alla fine si indicherà l'orario di chiusura della discussione e il verbale dovrà essere firmato dalla persona che l'ha redatto.

7 Scrivete la parte introduttiva del verbale di una riunione del condominio di via Manzoni n. 20. Indicate il giorno, l'ora, la sede e le presenze. Questi sono i dati relativi ai residenti:

Famiglia Rosi: Giulio Rosi 52 anni (padre); Giovanna Contini 47 anni (madre); Tommaso Rosi 14 anni (figlio); Ada Roncucci 73 anni (madre di Giulio Rosi, nonna di Tommaso).
Federico Mari, 33 anni.
Rita Toti, 65 anni.
Famiglia Poggesi: Roberto Poggesi 42 anni (padre); Anna Terrosi 35 anni (madre); Carolina Poggesi 7 anni (figlia); Matteo Poggesi 2 anni (figlio).

8 Scrivete un ordine del giorno in quattro punti della riunione del suddetto condominio. Potete scegliere tra i seguenti argomenti:

– rifacimento del tetto
– pulizia scale
– ascensore
– chiusura portone
– impianto elettrico
– sistemazione cantine
– restauro facciata
– assicurazione incendi

9 Scrivete la parte del verbale che riguarda uno dei punti dell'ordine del giorno. Fate intervenire tutti i componenti adulti.

SAGGIO

PARTE PRIMA

DUE PAROLE AGLI STUDENTI

CAPITOLO 1

Che cos'è un impiego comunicativo del laboratorio linguistico

1.1. Introduzione

Generalmente siete abituati ad usare il laboratorio linguistico per fare degli esercizi che spesso sono noiosi e ripetitivi. Si limitano a farvi esercitare alcune forme grammaticali con un modello da seguire e la correzione sul nastro. Le tecniche prescelte sono quelle di ripetizione, sostituzione e trasformazione. Ma il ritmo martellante e la ripetizione automatica di queste strutture grammaticali non garantiscono il loro apprendimento. Dopo un'ora che vi esercitate sul futuro è molto facile che facciate ancora molti errori, perfino usando forme regolari.

Le frasi che vi vengono proposte in questo tipo di esercizi sono estremamente artificiali, astratte e soprattutto acontestualizzate, senza avere nessun rapporto con quella che è la lingua reale della comunicazione: non si capisce in quale situazione possano venir pronunciate. Il lessico è scontato e limitato alla quantità minima che consenta di operare sulle strutture.

Altre volte avete svolto attività di comprensione su materiali quali la lettura ad alta voce di un testo scritto: un articolo di giornale o un brano letterario ad esempio. Tale ascolto risulta però asettico perché la lingua, che in questo caso vi viene proposta, è una lingua scritta per essere letta silenziosamente e individualmente dai parlanti nativi. Inoltre non ha le caratteristiche di autenticità tipiche della lingua parlata: non è cioè la lingua che ascolterete per la strada. Viene riprodotta in laboratorio e letta ad alta voce solamente allo scopo di farvi delle domande di comprensione che risulteranno estremamente artificiali (per quale motivo un parlante nativo dovrebbe leggere un articolo di giornale o un brano letterario a voce alta? Sono talmente rare le situazioni in cui ciò accade, che non possiamo certo parlare di "comunicazione" in un caso come questo e non ci sembra quindi necessario farvi esercitare in tal senso).

1.2. Motivazione

Raramente in laboratorio vi è stato chiesto di produrre dei messaggi o di fare delle attività che vi potessero essere utili per comunicare con i parlanti nativi.

Ecco, il nostro materiale ha invece lo scopo di farvi usare il laboratorio in maniera un po' più credibile e, riteniamo, anche divertente, abituandovi a lavorare con la lingua per raggiungere certi scopi comunicativi, permettendovi così di scambiare messaggi significativi con i vostri compagni.

Ogni attività che vi sarà richiesta sarà infatti motivata da una determinata situazione reale ed il vostro compito sarà quello di agire linguisticamente per raggiungere un obiettivo comunicativo, rispettando il ruolo che dovrete sostenere all'interno della situazione. Se, per esempio, vi chiediamo di simulare una telefonata ad una persona che non conoscete bene è chiaro che dovrete usare il registro formale, dare quindi del Lei alla persona in questione dall'inizio alla fine della telefonata.

Gli scopi di ogni attività che farete vi saranno illustrati proprio per rendervi consapevoli e parte attiva nel vostro processo di apprendimento. Vi sarà data una motivazione plausibile ogni volta che dovrete comunicare con i vostri compagni. (…)

adattato da A. Benucci, L. Cini, *Pronto, chi parla? Come comunicare nel laboratorio linguistico*, Scuola di Lingua e Cultura Italiana per Stranieri, Siena 1988 (pp. 2-3)

Lettura

1 Il testo affronta un argomento riguardante l'uso di un supporto tecnologico, il laboratorio linguistico, molto usato per l'insegnamento della lingua straniera. **Individuate qual è il *destinatario* di questo saggio e chi è l'autore, cioè l'*emittente*.**

il **destinatario** è:
l'**emittente** è:

2 **Rispondete vero/falso alle affermazioni.**

	vero	falso
1. Gli esercizi tradizionali propongono un modello da seguire e una correzione sul nastro	☐	☐
2. Le tecniche scelte tradizionalmente sono varie	☐	☐
3. L'apprendimento delle strutture grammaticali è garantito	☐	☐
4. La lingua proposta è proprio quella della comunicazione reale	☐	☐
5. La lettura ad alta voce di un testo scritto per essere letto in silenzio non è un buon esempio di comunicazione autentica	☐	☐
6. Gli autori del saggio vogliono proporre delle attività più credibili e divertenti	☐	☐

Analisi

3 **Sottolineate nel testo, con due colori diversi, la parte che critica un certo uso del laboratorio linguistico e quella che ne propone una diversa utilizzazione.**

4 Elencate tutte le forme di utilizzazione "negativa" del laboratorio linguistico e le parole-chiave impiegate per descriverle.

Forme di utilizzazione	Parole-chiave
....	....
....	....
....	....
....	....
....	....
....	....
....	....
....	....
....	....
....	....
....	....

facciamo il punto

Il saggio è un tipo di testo che ha lo scopo di dimostrare una tesi, un punto di vista, un'opinione su qualsiasi argomento. Per raggiungere tale obiettivo si cercherà di portare delle argomentazioni a sostegno della nostra tesi cercando di dare un supporto oggettivo alle nostre idee. Cercheremo anche di confutare quelle che sono le argomentazioni della parte o delle parti avverse, fornendo delle dimostrazioni della loro inattendibilità. Lo schema di questo tipo di testi è abbastanza rigido, si inizia facendo un'introduzione al soggetto costruita in modo da proporre il nostro punto di vista, seguono poi i vari argomenti pro-contro e si termina con una conclusione che vuole dimostrare la validità dell'ipotesi iniziale. Per facilitare la lettura si prevede la scansione del testo in parti, capitoli, paragrafi e sottoparagrafi. Nei saggi di tipo scientifico, come quello che vi è stato proposto, si privilegia la prima persona plurale per presentare certe opinioni in modo più autorevole. È necessario poi osservare l'utilizzazione delle varie parole per "legare" le frasi: soprattutto le congiunzioni con valore avversativo (*ma, invece, però*), quelle che aggiungono qualcosa (*inoltre*) o con valore conclusivo (*allora, dunque, quindi*). Per i tempi verbali si usano spesso il tempo presente, il passato prossimo e il futuro dell'indicativo, da non dimenticare è anche l'uso del congiuntivo dopo i verbi di "opinione" (*credo, penso, ritengo*).

5 Individuate nel testo seguente la tesi che si vuole dimostrare e sottolineate, con due colori diversi gli argomenti pro-contro tale tesi. Osservate quali sono le congiunzioni usate e lo stile scelto dall'autore per sostenere il proprio punto di vista.

Tutti sappiamo che il fumo fa male alla salute e siamo consapevoli del danno che provoca anche il fumo passivo. Del resto campagne di stampa massicce e una maggiore attenzione alla salute del nostro corpo ci hanno tolto ogni dubbio in merito al fumo. Siamo anche persone molto educate che sanno rispettare la volontà degli altri di non fumare e facciamo chilometri pur di non far respirare agli altri le nostre sigarette. Usciamo nel freddo dell'inverno da case ben riscaldate per evitare di fumare di fronte ai nostri cari. Veniamo rinchiusi in luoghi angusti all'interno di spaziosi ristoranti e siamo guardati malissimo se solo facciamo il gesto di tirare fuori dalla tasca qualsiasi cosa che assomigli ad un pacchetto di sigarette. Controlliamo i desideri nei momenti in cui non è possibile dar sfogo ai nostri vizi, in ufficio, nelle scuole, nei locali pubblici, in autobus. Così ci troviamo in stanze oscure in compagnia di altri compagni a fumare di nascosto le nostre sigarette che diventano ogni giorno più leggere, rivelando la nostra presenza grazie ad un piccolo punto rosso che brucia lentamente nel buio. E una volta fuori respiriamo tutti i gas di scarico che migliaia di macchine depositano ogni giorno nei nostri polmoni, inaliamo i fumi prodotti dalle industrie delle nostre città, ma senza averlo scelto, senza la possibilità di poter dire "Basta! Spengete l'aria inquinata". Vorremmo soltanto un po' di comprensione, noi ultimi rimasti di una specie in estinzione, noi fumatori testardi. Per favore non fateci sentire così emarginati, non discriminateci, accettate la nostra abitudine senza farci violenza e state sicuri che rispetteremo i vostri desideri.

la tesi è:	....
le congiunzioni sono:	....
lo stile usato è:	....

6 Scrivete un breve saggio di circa 300 parole in cui, seguendo lo schema illustrato, fate un'introduzione dove presentate la vostra ipotesi, sviluppate poi alcune argomentazioni pro e contro l'ipotesi e concludete dimostrando la validità della tesi iniziale.

In questa sezione potrete trovare le chiavi delle attività con le domande chiuse.

UNITÀ 1

attività 2 - Federica: tutti i tipi di sport, cavallo; Giovanna: yoga.
attività 3 - rilassante e tranquilla.
attività 4 - confidenziale.
attività 7 - 4 / 8 / 12 / 2 / 3 / 5 / 11 / 9 / 7 / 6 / 1 / 10.

UNITÀ 2

attività 1 - Destinatario: Tommaso Pandolfi. Mittente: Elisabetta e Riccardo Busi (hotel Moderno). Registro formale. Offerta pubblicitaria di servizi ad un cliente.
attività 2 - 1) no / 2) si / 3) non si sa / 4) non si sa.
attività 6 - f / d / c / e / a / b.

UNITÀ 3

attività 1 - Gatto: da mangiare e da bere una volta al giorno, uscire fuori ogni mattina. Piante: annaffiare una volta a settimana, quelle grasse una volta ogni quindici giorni. Caldaia: accendere.
attività 3 -

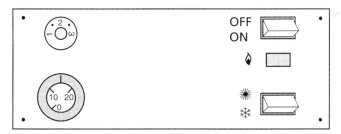

attività 6 - 1) cavo; 2) tasto, sportello; 3) riavvolgere; 5) rotella; 6) pulsante, ricerca; 7) cassetta, premuto; 8) togliere.
attività 7 - b / d / f / a / c / e.

UNITÀ 4

attività 1 - pere, pesce.
attività 2 - tazza, cucchiaio, pentola, cucchiaio di legno, pentola a pressione.
attività 6 - 2 / 4 / 5 / 1 / 3.
attività 7 - metteteli, ripieno, mescolatevi, tritati, disporrete, cottura, fuoco.

UNITÀ 5

attività 1 - 1 (Falsa: 10 persone), 2 (Falsa: da fare soprattutto in casa), 3 (Falsa: da fare con un gruppo di amici o di persone che si conoscono bene), 4 (Falsa: si scrive il nome di uno dei partecipanti al gioco), 5 (Falsa: si scrive sul foglio che ci viene passato), 6 (Falsa: non dobbiamo leggere la frase scritta dal compagno che ci precede).
attività 2 - gruppo, conoscono, coperto, compagno, frasi, foglietti, passaggi, indovinare.
attività 5 - 1 d / 2 f / 3 e / 4 h / 5 i / 6 a / 7 c / 8 g / 9 b.

UNITÀ 6

attività 1 - a (Falsa: è necessario fare la raccolta differenziata dei rifiuti).

c (Falsa: si devono riutilizzare vari tipi di contenitori).
e (Falsa: si devono privilegiare i mezzi pubblici).
attività 2 - 1 c / 2 a / 3 e / 4 g / 5 f / 6 d / 7 b.
attività 5 - 1 d / 2 h / 3 l / 4 i / 5 a / 6 c / 7 b / 8 e / 9 f / 10 g.

UNITÀ 7

attività 1 - Geneviève: alta m. 1,75, capelli corti e scuri, carnagione scura, occhi grandi e verdi, un neo vicino alle labbra. Marina: alta e magra, capelli biondi, lunghi e lisci, pelle chiara e occhi azzurri. Luciano: basso, robusto, scuro, occhi e baffi neri, capelli ricci e lineamenti marcati.
attività 3 - Geneviève è simpatica. Marina è curiosa. Luciano è scherzoso.

UNITÀ 8

attività 1 - Zone: Castello, Borgo Talassese, Codaccio o Borgo Pianese. Porte: Porta Castello (con un arco a tutto sesto, adorno di stemmi), Porta di Mezzo (con l'orologio pubblico), Porta Talassese (notevole arco romanico). Chiese: S. Niccolò (eretta intorno al 1100, pianta regolare a tre navate), S. Andrea (eretta dai monaci di S. Salvatore dopo il 1120), Madonna Incoronata (costruita dopo la peste del 1348), S. Leonardo (edificata dai monaci di S. Salvatore intorno al 1153, dominata da un alto campanile romanico, con altari in pietra, la tavola della morte di S. Giovanni Battista dipinta nel 1589 da Francesco Vanni e due statue di S. Andrea e di S. Processo). Altri edifici: Rocca Aldobrandesca.
attività 5 - crinali, struttura, intatta, medioevale, erigere, borgo, testimoniano, epoca, documento, feudali.
attività 6 - 1° - Brescia è una città di circa 200.000 abitanti. È un centro economico di importanza regionale (il secondo della Lombardia) e nazionale. La felice posizione geografica (montagne, colline e laghi a distanza di pochi chilometri), le caratteristiche dell'ambiente, la rete di comunicazioni e l'efficienza dei servizi la rendono ospitale. I musei, le chiese e il Capitolium raccolgono e custodiscono dei beni artistici che attirano anche il turismo. I vecchi quartieri, le piazzette, i portali e le fontane nascoste conservano il fascino della città e incrementano l'afflusso turistico.
2° - Limitata nella sua parte superiore dalla strada Siena-Roccastrada e, poco prima della confluenza con il Merse, dalla superstrada Siena-Grosseto, la Val di Farma è uno dei luoghi meglio conservati della Toscana meridionale. Il torrente Farma è un affluente di destra del fiume Merse il quale, a sua volta, si getta nell'Ombrone. Dalle sorgenti nei pressi di Roccatederighi (fra Massa Marittima e Roccastrada) esso scorre per una trentina di chilometri in direzione Ovest-Est, segnando il confine tra le province di Siena e Grosseto. Alcuni studi sono in corso e altri restano ancora da fare: ma ciò che già si sa sulla Val di Farma è più che sufficiente ad indicarla come un luogo del tutto particolare, da conservare e da proteggere ai fini didattico-educativi e di ricerca scientifica. Motivi diversi, legati alla scarsa presenza dell'uomo, e alla particolare situazione topografica della valle hanno permesso la sopravvivenza di specie biologiche di notevole interesse scientifico.

UNITÀ 9

attività 1 - 3 pezzi: il recipiente (o leccarda), la piastra e il coperchio.

attività 2 - Leccarda: con dei fori, di ghisal resistente al calore. Piastra: convessa, con fessure longitudinali, antiaderente, che si riscalda velocemente e mantiene il calore. Coperchio: con un piccolo pomello fatto con un materiale che non si riscalda.

attività 7 - c - e - d - b - a.

UNITÀ 10

attività 2 - Località: Modena, Albinia, Pitigliano, Sovana, Saturnia, Grosseto, Siena, Firenze. Ristoranti: Bellavista, Pesucci, Tonino. Alberghi: Pesucci, Parrini.

attività 3 -

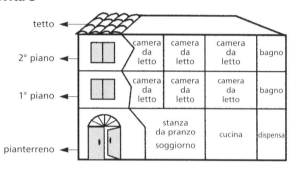

attività 5 - 1 e / 2 a / 3 f / 4 b / 5 d / 6 c.

UNITÀ 11

attività 1 - Messina; 27 marzo; 14,30; incrocio viale Torricelli con via Cavour.

attività 2 -

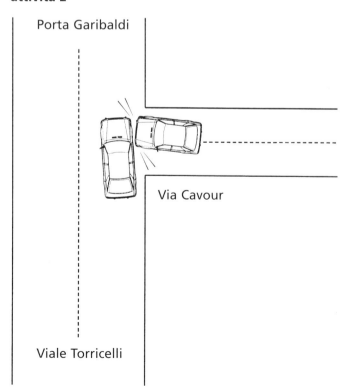

attività 7 - è stata tamponata; nella stessa fila; a diritto di precedenza; il segnale; danni; ammaccati; lieve.

UNITÀ 12

attività 1 - 2.

attività 2 - 1f / 2e / 3a / 4b / 5d / 6c.

attività 3 - collegamento interrotto per cause di servizio.

attività 6 - 1 no / 2 sì / 3 sì / 4 no / 5 sì / 6 sì.

attività 7 - seguendo le Vostre indicazioni / Non Vi sto a raccontare in dettaglio / nonostante fossero appena le / Vi potete immaginare quindi la / spero abbiano capito la situazione / Spero che vogliate prendere atto di / mi meraviglio di come.

UNITÀ 13

attività 1 - 1 I / 2 III / 3 I / 4 II.

attività 2 - banca; operai; disagio.

attività 3 - 1 d / 2 c / 3 e / 4 a / 5 b.

attività 7 - 2 / 5 / 1 / 6 / 3 / 7 / 4 / 9 / 8.

UNITÀ 14

attività 1 - Professione: in cerca di lavoro. Diritto delle Comunità Europee. Ufficio scambi culturali e convenzioni con l'estero dell'Università di Siena. Uniformare i diritti fondamentali all'interno della Unione Europea per semplificare l'applicazione e l'interpretazione delle varie normative. Della ricerca sull'Unione Europea. La determinazione, la collaborazione con gli altri, la passione per la ricerca, la disponibilità a viaggiare e a trasferirsi.

attività 2 - 1 classe, 2 professore, 3 tesi, 4 critica, 5 esami, 6 indirizzo.

attività 5 - 5 / 4 / 2 / 1 / 3.

attività 6 - 1 c / 2 f / 3 a / 4 b / 5 g / 6 e / 7 d.

UNITÀ 15

attività 1 - 1 no / 2 no / 3 no / 4 sì / 5 sì.

attività 2 - 1 d / 2 f / 3 e / 4 a / 5 g / 6 h / 7 c / 8 b.

attività 4 - 5 / 7 / 9 / 10 / 15 / 14 / 6 / 11 / 8 / 12 / 4 / 2 / 1 / 3 / 13.

UNITÀ 16

attività 1 - 28 / 4 / 1974. Siena. Italiana. Diploma di scuola superiore. Siena.

attività 2 - 1 F / 2 V / 3 F / 4 F / 5 F / 6 V.

UNITÀ 17

attività 1 - a-F / b-F / c-F / d-F / e-F / f-V.

attività 2 -

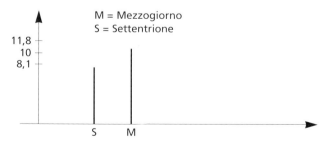

UNITÀ 18

attività 1 - Un uomo, due neonati, gli abitanti di un paese. Vengono trovati due strani neonati in un paese dove non nascevano più bambini. Un paese lontano.

attività 2 - 1 no / 2 si / 3 no / 4 no / 5 no / 6 si / 7 no / 8 si.

attività 5 - C'era una volta una volpe che litigava sempre con un cinghiale perché tutti e due volevano essere eletti 're del bosco'. I due discutevano tutto il giorno; la volpe diceva: 'Io sono la più furba e quindi il diritto di governare il bosco è mio'. Il cinghiale rispondeva che lui era il più forte perciò lei si doveva fare da parte. Tutti gli abitanti del bosco assistevano divertiti a queste discussioni quotidiane, parteggiando ora per l'uno ora per l'altra. Un bel giorno arrivò nel bosco una scimmia che attirò subito l'attenzione degli altri abitanti. La scimmia invitò infatti la volpe e il cinghiale a dimostrare a tutto il popolo del bosco chi fosse veramente degno di regnare. La volpe e il cinghiale risposero che avrebbero accettato ben volentieri di fare una gara in cui il vincitore sarebbe stato acclamato re. Allora la scimmia propose tre prove e disse: 'La prima prova consisterà nel vedere chi arriverà per primo al mare, che dista molte leghe dal bosco'. Senza pensarci nemmeno un minuto i due aspiranti re si misero in cammino verso il mare fra la folla festante degli altri animali. Quando si fece sera la volpe e il cinghiale erano però stanchi morti dal gran camminare e del mare non si vedeva traccia...

UNITÀ 19

attività 1 - bambini, direttore, custodi, cuochi.

attività 3 - spaghetti al pomodoro, pesce bollito, verdure bollite.

attività 4 - Marcucci, Pepi, Tiezzi e Mariotti: insegnanti. Toti, Cesa e Ferretti: genitori.

attività 5 - Data e ora di apertura. Ordine del giorno. Discussione vari punti. Ora di chiusura.

UNITÀ 20

attività 1 - Destinatario: gli studenti di lingue straniere. Emittente: creatori di materiali didattici da usare in laboratorio linguistico.

attività 2 - 1 V / 2 F / 3 F / 4 F / 5 V / 6 V.

Finito di stampare nel mese di febbraio 2002 dalla TIBERGRAPH s.r.l. - Città di Castello (PG)

L'italiano per stranieri

Amato
Mondo italiano
testi autentici sulla realtà sociale
e culturale italiana
• libro dello studente
• quaderno degli esercizi

Ambroso e Stefancich
Parole
10 percorsi nel lessico italiano
esercizi guidati

Avitabile
Italian for the English-speaking

Balboni
GrammaGiochi
per giocare con la grammatica

Ballarin e Begotti
Destinazione Italia
l'italiano per operatori turistici
• manuale di lavoro
• 1 audiocassetta

Barki e Diadori
Pro e contro
conversare e argomentare in italiano
• **1** liv. intermedio - libro dello studente
• **2** liv. intermedio-avanzato - libro dello studente
• guida per l'insegnante

Battaglia
Grammatica italiana per stranieri

Battaglia
**Gramática italiana
para estudiantes de habla española**

Battaglia
Leggiamo e conversiamo
letture italiane con esercizi per la conversazione

Battaglia e Varsi
Parole e immagini
corso elementare di lingua italiana
per principianti

Bettoni e Vicentini
Passeggiate italiane
lezioni di italiano - livello avanzato

Bettoni e Vicentini
Imparare dal vivo **
lezioni di italiano - livello avanzato
• manuale per l'allievo
• chiavi per gli esercizi

Buttaroni
Letteratura al naturale
autori italiani contemporanei
con attività di analisi linguistica

Camalich e Temperini
Un mare di parole
letture ed esercizi di lessico italiano

Carresi, Chiarenza e Frollano
L'italiano all'Opera
attività linguistiche attraverso 15 arie famose

Cherubini
L'italiano per gli affari
corso comunicativo di lingua e cultura aziendale
• manuale di lavoro
• 1 audiocassetta

Chiappini e De Filippo
Un giorno in Italia 1
corso di italiano per stranieri - primo livello
• libro dello studente con esercizi + CD audio
• guida per l'insegnante

Cini
Strategie di scrittura
quaderno di scrittura - livello intermedio

Deon, Francini e Talamo
Amor di Roma
Roma nella letteratura italiana del Novecento
testi con attività di comprensione
livello intermedio-avanzato

Diadori
Senza parole
100 gesti degli italiani

du Bessé
PerCORSO GUIDAto guida di **Roma**
con attività ed esercizi di italiano

du Bessé
PerCORSO GUIDAto guida di **Firenze**
con attività ed esercizi di italiano

du Bessé
PerCORSO GUIDAto guida di **Venezia**
con attività ed esercizi di italiano

Gruppo META
Uno
corso comunicativo di italiano - primo livello
• libro dello studente
• libro degli esercizi e grammatica
• guida per l'insegnante
• 3 audiocassette

Gruppo META
Due
corso comunicativo di italiano - secondo livello
• libro dello studente
• libro degli esercizi e grammatica
• guida per l'insegnante
• 4 audiocassette

Gruppo NAVILE
Dire, fare, capire
l'italiano come seconda lingua
• libro dello studente
• guida per l'insegnante
• 1 audiocassetta

Humphris, Luzi Catizone, Urbani
Comunicare meglio
corso di italiano
livello intermedio-avanzato
• manuale per l'allievo
• manuale per l'insegnante
• 4 audiocassette

Istruzioni per l'uso dell'italiano in classe 1
88 suggerimenti didattici per attività comunicative

Istruzioni per l'uso dell'italiano in classe 2
111 suggerimenti didattici per attività comunicative

Istruzioni per l'uso dell'italiano in classe 3
22 giochi da tavolo

Jones e Marmini
Comunicando s'impara
esperienze comunicative
• libro dello studente
• libro dell'insegnante

Maffei e Spagnesi
Ascoltami!
22 situazioni comunicative
• manuale di lavoro
• 2 audiocassette

Marmini e Vicentini
Passeggiate italiane
lezioni di italiano - livello intermedio

Marmini e Vicentini
Imparare dal vivo *
lezioni di italiano - livello intermedio
• manuale per l'allievo
• chiavi per gli esercizi

Marmini e Vicentini
Ascoltare dal vivo
manuale di ascolto - livello intermedio
• quaderno dello studente
• libro dell'insegnante
• 3 audiocassette

Paganini
ìssimo
quaderno di scrittura - livello avanzato

Pontesilli
I verbi italiani
modelli di coniugazione

Quaderno IT - n. 3
esame per la certificazione
dell'italiano come L2 - livello avanzato
prove del 1998 e del 1999
• volume+audiocassetta

Radicchi
Corso di lingua italiana
livello elementare
• manuale di lavoro
• 1 audiocassetta

Radicchi
Corso di lingua italiana
livello intermedio

Radicchi
In Italia
modi di dire ed espressioni idiomatiche

Spagnesi
Dizionario dell'economia e della finanza

Stefancich
Cose d'Italia
tra lingua e cultura

Stefancich
Tracce di animali
nella lingua italiana tra lingua e cultura

Svolacchia e Kaunzner
Suoni, accento e intonazione
corso di ascolto e pronuncia
• manuale
• set di 5 audio CD

Totaro e Zanardi
Quintetto italiano
approccio tematico multimediale
livello avanzato
• libro dello studente con esercizi
• libro per l'insegnante
• 2 audiocassette
• 1 videocassetta

Ulisse
Faccia a faccia
attività comunicative
livello elementare-intermedio

Urbani
Senta, scusi...
programma di comprensione auditiva
con spunti di produzione libera orale
• manuale di lavoro
• 1 audiocassetta

Urbani
Le forme del verbo italiano

Verri Menzel
La bottega dell'italiano
antologia di scrittori italiani del Novecento

Vicentini e Zanardi
Tanto per parlare
materiale per la conversazione
livello medio-avanzato
• libro dello studente
• libro dell'insegnante

Linguaggi settoriali

Dica 33
il linguaggio della medicina
• libro dello studente
• guida per l'insegnante
• 1 audiocassetta

L'arte del costruire
• libro dello studente
• guida per l'insegnante

Una lingua in pretura
il linguaggio del diritto
• libro dello studente
• guida per l'insegnante
• 1 audiocassetta

Pubblicazioni di glottodidattica

Celentin, Dolci - **La formazione di base del docente di italiano per stranieri**

I libri dell'Arco

1. Balboni • **Didattica dell'italiano a stranieri**

2. Diadori • **L'italiano televisivo**

3. Micheli • **Test d'ingresso di italiano per stranieri**

4. Benucci • **La grammatica nell'insegnamento dell'italiano a stranieri**

5. AA.VV. • **Curricolo d'italiano per stranieri**

6. Coveri et al. • **Le varietà dell'italiano**

Classici italiani per stranieri

testi con parafrasi a fronte* e note

1. Leopardi • **Poesie***
2. Boccaccio • **Cinque novelle***
3. Machiavelli • **Il principe***
4. Foscolo • **Sepolcri e sonetti***
5. Pirandello • **Così è (se vi pare)**
6. D'Annunzio • **Poesie***
7. D'Annunzio • **Novelle**
8. Verga • **Novelle**
9. Pascoli • **Poesie***
10. Manzoni • **Inni, odi e cori***
11. Petrarca • **Poesie***
12. Dante • **Inferno***
13. Dante • **Purgatorio***
14. Dante • **Paradiso***
15. Goldoni • **La locandiera**
16. Svevo • **Una burla riuscita**

Libretti d'Opera per stranieri

testi con parafrasi a fronte* e note

1. **La Traviata***
2. **Cavalleria rusticana***
3. **Rigoletto***
4. **La Bohème***
5. **Il barbiere di Siviglia***
6. **Tosca***
7. **Le nozze di Figaro**
8. **Don Giovanni**
9. **Così fan tutte**
10. **Otello***

Letture italiane per stranieri

1. Marretta • **Pronto, commissario...? 1**
16 racconti gialli con soluzione
ed esercizi per la comprensione del testo

2. Marretta • **Pronto, commissario...? 2**
16 racconti gialli con soluzione
ed esercizi per la comprensione del testo

3. Marretta • **Elementare, commissario!**
8 racconti gialli con soluzione
ed esercizi per la comprensione del testo

Mosaico italiano

racconti italiani su 4 livelli

1. Santoni • **La straniera** - liv. 2
2. Nabboli • **Una spiaggia rischiosa** - liv. 1
3. Nencini • **Giallo a Cortina** - liv. 2
4. Nencini • **Il mistero del quadro di Porta Portese** - liv. 3
5. Santoni • **Primavera a Roma** - liv. 1
6. Castellazzo • **Premio letterario** - liv. 4
7. Andres • **Due estati a Siena** - liv. 3
8. Nabboli • **Due storie** - liv. 1
9. Santoni • **Ferie pericolose** - liv. 3
10. Andres • **Margherita e gli altri** - liv. 2 e 3

Bonacci editore